美育研究·IV

「纸艺动画融合课程的研究」

esthetic Education

卫　勤 /著

上海教育出版社
SHANGHAI EDUCATIONAL
PUBLISHING HOUSE

落实核心素养,从热爱家乡抓起

(代序)

随着《义务教育艺术课程标准(2022年版)》的颁布,"让核心素养落地"既成为美术教学的主线,也成为教育科学研究的主旋律。美术课程发展正朝着主题化、项目化的方向迈进,因此,探究以提升学生核心素养为目标的美术课程内容,具有重要的时代意义。

纸艺作为中国优秀传统文化的重要组成部分,其内涵博大精深,需要不断地挖掘和学习。地处奉贤青村的青溪中学,校名来源于奉贤的古文化故事《言子青溪讲学》,其深厚的地域文化为纸艺动画课程的开发与实施提供了丰富的资源。奉贤纸艺作为奉贤地区的乡土文化广泛流传于民间,青溪中学的卫勤老师自2008年起,便潜心于纸艺动漫教学的实践研究,基于奉贤地方资源,探索一条新的纸艺教学路径,用乡土纸艺作品讲述奉贤故事,传递奉贤文化与精神。

卫勤老师巧妙地借助数字媒体工具,为纸艺课程的开展拓宽了实践路径,超越了常规纸艺课堂的边界,也打破了教室砖墙的壁垒。纸艺动漫课程《京剧有你更精彩——Q版人物设计》、市级课题"民间'剪纸'课程与动漫资源结合的开发和校本实践研究"、上海市教育科研课题"奉贤特色纸艺动画融合课程的开发与实践"的立项研究,促进了奉贤地区美术教育的内涵建设。学生受到乡土文化的熏陶和启迪,在纸艺动画的课程中学有所获、获有所悟、悟有所进,不再简单依赖于教师的传授,而是能够迁移他们的知识与技能,提高缘事析理的能力,从而解决与世界紧密相连的、复杂且具有挑战性的艺术问题,令纸艺得以越来越活态化地流传于奉贤以及更加广阔的民众生活之中。

在新美育背景之下,我们应该如何在日常教学中落实学生核心素养?欲臻此目的,未来的美术教师应着眼本土文化的实际,从热爱家乡抓起。像艺术家一样创作、以概念为本的课程与教学、跨学科学习、PBL等卓有成效的课程开发策略与实践方法,均为本次课程开发与实施提供了理论基础。

本书中论述的纸艺动画课程以奉贤地区传统文化为根,以先进的美术教育理念为魂,辐射渗透当今奉贤民众生活的精神文明建设。课程体现以下三个特征:

首先,基于奉贤地域特色。奉贤有着1400余年的海塘文化和"敬奉贤人、见贤思齐"的历史文化底蕴,学生能够在地方文化的浸润下发展审美素养,置身于真实的学习情境,发现家乡之美,表达对家乡"贤"文化、江南文化的感知与理解,树立正确的人生观和价值观,提高文化自信。

其次,基于新课标的要求。重视学科间的交叉与融合,不仅是美术学科的发展需求,也是教育的发展趋势和研究热点。新课程标准要求设立跨学科主题学习活动,强化课程协同育人功能。在奉贤特色纸艺动画课程中,教师另辟蹊径,凝练教学新方法,打破传统纸艺的创作方法与框架,结合数字化时代下的思想与技术,以"像艺术家一样创作"的理念推动课程教学,以大单元教学模式、跨学科的项目式学习活动促进深度学习。根据青溪中学学生的实际能力制订对应的学习内容与要求,引发师生、生生之间高质量的互动,不仅明确"教什么""为什么教""教到什么程度",而且强化了"怎么教"的具体指导。

最后,基于教师的教学实际。本课程将卫勤老师的教学实践进行总结与归纳、提炼与重构,最终呈现出教师的深度思考与设计过程、学生协同创作的美术作品等实际案例,帮助广大美术教师不断探索行之有效的教学形式,展现学生眼中的美丽家乡。因此与大部分纸艺课程相比较,本课程内容更加适用于上海奉贤地区的美术教学,也为其他地区的教育研究提供了有效的参考路径,明确了实践方向。

美育是心灵的润泽,其意义印证了国家在时代风云诡谲之中对人才输出的更高站位的思考。我相信长期扎根于学校课堂的实践和探索,始终致力于核心素养在课堂中的落地转化,从家乡文化抓起,最终是能开花结果的。希望本书能为美术教育的同仁们带来一些启示。

上海师范大学美术学院常务副院长、教授

目　录

前　言

2008年以来，笔者长期致力于在基础型课程中，运用传统手工艺剪纸与当代动漫相结合的方法进行教学，大大提高了学生的学习兴趣和创作欲望。2009年立项了上海市级课题"民间'剪纸'课程与动漫资源结合的开发和校本实践研究"，2011年结题并获上海科研课题二等奖；设计的课堂教学《京剧有你更精彩——Q版人物设计》于2010年上海市中青年课堂教学评比中获得一等奖。十余年来笔者始终坚持将剪纸与动漫融合的课堂教学。

在一次偶然的非遗展示中，笔者接触了上海市级非遗项目：奉贤乡土纸艺，听到了关于奉贤自古以来众多贤人的故事，深有感触，开始思考如何在国家基础型课程教学中实施：用奉贤乡土纸艺的技法结合动画的方式表现奉贤故事。长期的剪纸动漫教学已经让笔者深深了解，这是一个让学生感兴趣的课程，也是一个跨学科学习的课程，更是一个适合组织项目式学习的大型课题。自2020年开始，笔者经过调研，发现国内外鲜有剪纸结合地域特色的课程开发研究，于是结合所在学校——上海市奉贤区青溪中学市级融合课程项目基地特色，确立着手研究开发创意纸艺融合的课程。2021年，笔者申报教育科研课题"地域特色下初中创意纸艺融合课程的开发与实施"，初次立项奉贤区重点课题。

为将纸艺教学落实于基础型课程中，笔者开发了一个基础知识单元的纸艺课程，并在"第三届上海市中小学教育信息化应用推进活动"中荣获"教学资源制作能手"荣誉称号；积累了一定的案例并获得一定的奖项；笔者也将如何设计纸艺动漫的课程设计方法制作成市级共享课程，于2022年1月正式上线。

研究过程中，笔者感受到奉贤乡土纸艺与奉贤地域特色结合课程开发的价值，并且了解到研究中的不足，应进一步融合有图像、声音、画面、故事的动画课程，全方位地讲述奉贤故事。《义务教育艺术课程标准（2022年版）》在每个学段都提出了学习与传承中国传统工艺的要求，如剪纸。新课标涵盖了音乐、美术、舞蹈、戏剧（含戏曲）、影视（含数字媒体艺术），让笔者深受启发。加上国内基础型课程中对于剪纸也有一定的课时安排，但学习内容过于陈旧。笔者将自己的思考与高校专家、市区两级教研员以及教研团队沟通，得到了认可与支持。

可谓"变则通"。2022年，笔者尝试在原有课题研究的基础上进行升级，再次申报教育科研课题"奉贤特色初中纸艺动画课程的开发与实施",同年9月被上海市教科所立项为市级一般课题。再次着手研究,目标清晰,项目任务明确,学生在纸艺动画课程学习中通过与语文学科、历史学科、音乐学科、信息学科等教师的沟通,尝试在创作过程中解决遇到的学科问题,也会主动走访调研,解决一些专业知识问题。课程的每一步都指向用奉贤乡土纸艺的技法和动画创作的方式讲述一个个生动感人的奉贤故事。

课程的开发源于长期的经验积累,教育科研引领下的课程开发目的更加明确,教育科研过程中的不断修正、不断提高让课堂教学更加精彩。希望本书可以为正在摸索地方特色教学方法的同行提供参考,也为正在研究课堂教学的同仁提供案例实施的路径。

卫　勤

2022 年 10 月 26 日

第一章
开发纸艺动画融合课程的重要意义

国家教育部要求艺术课程内容坚持以中华优秀传统文化为主体,讲好中国故事,培养深厚的民族情感,让学生具备满足"日益增长的美好生活需要"所必备的艺术审美素养。可见,中华优秀传统文化课程对于当代艺术课堂教学来说非常重要。然而,当下的艺术课堂教学中的中华优秀传统文化内容较少,教学的方法与途径单一,其创新性无法与当下的社会发展接轨。由此,寻求课程与教学的突破势在必行。纸艺能否与动画相融合,成为一个激发学生兴趣的艺术新形式?纸艺与动画融合以后可以表现什么?如何开发这样一个新的课程?

第一节　新课标对跨学科提出新要求

一、纸艺课程概况

学校美术教育是学校教育体系中较为特殊的一个学科,随着时代和社会的发展,人们对学校美术教育的功能与目的的认识也日益深化,但具体实施时,又常常与其他相近概念混淆而导致教育、教学的偏差。[①]

《义务教育艺术课程标准(2022年版)》(以下简称"新课标")对于艺术的课程性质定义为:"艺术是人类精神文明的重要组成部分,是运用特定的媒介、语言、形式和技艺等塑造艺术形象,反映自然、社会及人的创造性活动。"[②]当前的艺术教学主张通过美术学习,培养学生的视觉阅读、表达和交流能力,引导他们学会对经典美术作品及其生活中的各种视觉影像进行思考与解读。艺术课程力求体现素质教育中艺术教学的要求,运用艺术感人的表现效果和丰富的情感内容,培养学生的审美感知和精神追求。

艺术课程的门类有很多,如中国传统民间技艺、绘画、美术学、艺术设计、服装与服饰设计、工艺美术、数字媒体艺术等。在学习活动中,必须注重综合性和探索性,将艺术课程与学生生活经验紧密联系,使学生在积极的情感体验中提高想象力和创造力。整合纸艺领域课程,落实教材和核心素养,补充跨学科理论,以丰富实践经验,提高审美意识和审美能力。

艺术课程门类中的中国传统民间技艺是中国民间传承下来的工艺,是我国传统文化的一个重要组成部分,是中华儿女世世代代心血的积累与沉淀。其中奉贤乡土纸艺——青村剪纸、奉城刻纸、南桥折纸,都是南上海文化之根中最普遍的民间传统装饰艺术之一,有着悠久的历史。奉贤乡土纸艺因材料易得、成本低廉、效果立见、适应面广而深得民心。其样式千姿百态、形式多样、形象普遍生动活泼;更因适合农村妇女闲暇制作,既可作为实用物,又可美化生活而受欢迎。因此,在奉贤的艺术课程教学中,纸艺是一个很有生命力的门类,广受学生、家长和社会各阶层人士的欢迎。不仅如此,

---

① 王大根.学校美术教育目的论[M].湖南:湖南美术出版社,2014.
② 中华人民共和国教育部.义务教育艺术课程标准(2022年版)[S].北京:人民教育出版社,2022.

奉贤的乡土纸艺是具有悠久民众基础、广为流传的民间技艺。作为集合了剪纸、刻纸、折纸三种技艺的上海市非物质文化遗产,奉贤乡土纸艺不仅表现了上海奉贤地区群众的审美爱好,还蕴含着奉贤人民深刻的社会心理,是南上海最具特色的民间工艺之一,其造型特征所表现的海派文化尤其值得纳入课程教学。

民间纸艺作为中国原初哲学的体现,在表现形式上具有综合性、美化性和吉祥性的特点,并以自己特有的表现语言来传达传统文化的内涵和精髓。作为重要的上海非物质文化遗产之一,奉贤乡土纸艺是奉贤民间最质朴、最富有艺术气息和上海智慧的造型艺术。它是奉贤文化的重要符号和南上海精神的重要载体,是南上海群体文化记忆和精神的象征。

动画艺术是当代中小学生喜闻乐见的艺术门类,中国动画将传统绘画、雕刻、民间工艺以及地方戏曲等多种文化元素融合,形成了独具特色的风格,融合了前卫精神和通俗文化特征,因此具有大众化的特点,如折纸动画片《聪明的鸭子》、剪纸动画片《过年》等。中国动画已经逐渐形成自己独有的艺术风格,而被称为"中国动画学派"。中国动画在各种国际电影节上获奖,受到国内外观众欢迎的纸艺动画片基本都具有鲜明的中国民族风格,如1963年剪纸动画《金色的海螺》在印尼亚非电影节上获第三届卢蒙巴奖。

可见,纸艺与动画的融合由来已久,将奉贤乡土纸艺与中国动画跨门类融合,更将有效激发南上海中小学生的学习热情,让奉贤乡土纸艺在继承的基础上进一步创新,从而达到传承上海非物质文化遗产和理解奉贤文化的目的,奉贤特色纸艺动画融合课程的开发与实施是非常重要且必要的。

二、新课标对纸艺课程的新要求

人类各民族文化的传承都是依靠民族文化基因的传承,也就是民族本原文化和本原哲学的传承,中国民间美术就体现了这种文化传承。在这样一个价值时尚化、多元化与文化商品化的时代,审美情趣、生活方式与价值信仰都发生了重大变化,纸艺赖以生存的民俗空间受到严重挤压,民间纸艺自身所蕴含的传统价值观与现代社会的精神、心理需求有很大不同,传统的纸艺主题、内容、功能与新时代的多元化需求不匹配,纸艺手工艺人逐年减少,奉贤乡土纸艺的技艺正面临着逐年减少和失传的危险。这反映出奉贤纸艺在当下面临许多困境和考验,也表明奉贤乡土纸艺自身要发展就必须有所突破。

在科技发生重大变革的当代,纸艺的生存、发展和传承正面临着前所未有的挑战。2021年1月,教育部印发了《中华优秀传统文化进中小学课程教材指南》,其出台背景中已指出:中小学各学科课程教材在强化中华优秀传统文化教育方面已取得一定进展,但整体设计不够,系统性不强,存在碎片化倾向。① 如何创新和发展民间剪纸,不仅关系到人们的文化生活和审美教育,而且关系到优秀传统文化的弘扬和民族文化心理认同,也是非物质文化遗产——剪纸能否延续的重要问题。

新课标指出:"传承传统工艺"的教学重点是遵循"守正创新"的传承与发展理念。② 何为"守正创新"? 守正创新的意思是既要恪守正道,也要敢于探索新的思想和发展方向。利用现有的知识和物质,在特定的环境中,本着理想化需要或为满足社会需求,而改进或创造新的事物、方法、元素、路径、环境,并能获得一定有益效果的行为。新课标特别强调"设立跨学科主题学习活动,加强学科间相互关联,带动课程综合化实施,强化实践性要求"。③ 这说明,目前跨学科思维还没有很大程度地打开,奉贤特色的纸艺动画融合课程的开发与实施是迫切的、必要的。

新课标"传承传统工艺"的教学重点:遵循"守正创新"的传承与发展理念,鼓励学生通过实地考察、问卷调查、网络搜索等方式收集素材,开展自主学习和合作学习;引导学生分析家乡和其他地区传统工艺的特征与内涵,发现工艺发展中的问题,提出解决方案;指导学生创造性地学做传统工艺品及文创产品,以线下或线上的方式展示自己创作的工艺品与文创产品;注重引导学生理解"继承与创新是传统工艺创作的重要原则"。④ 这些要求为奉贤特色的纸艺动画融合课程的开发与实施指明了路径。

敢于破局,才能走出思维的牢笼。奉贤乡土纸艺在继承古老技艺的同时,也要积极创新。新课标课程理念突出课程综合,以各艺术学科为主体,加强与其他艺术的融合;重视艺术与其他学科的联系,充分发挥协同育人功能。本课程力求通过融合美术、音乐、语文、地理、信息技术等学科进行项目化纸艺动画融合课程的开发与实施,从而落实新课标理念,培养学科核心素养。新课标指引着我们在纸艺动画融合课程的课堂教学中树立多元的课程观;建立崭新的融合课程范式;在纸艺动画融合课程实践中,凸显学生主体的生活经验,学生的发展既是制定课程标准的出发点,也是教育追求的目标。奉贤乡土纸艺传承的方式是南上海基础教育课程改革中的新转换,更带来了许多有益的启示。

---

① 中华人民共和国教育部教材局.《中华优秀传统文化进中小学课程教材指南》主要考虑与要求[N].中华人民共和国教育部,2021-08-24.
② 中华人民共和国教育部.义务教育艺术课程标准(2022年版)[S].北京:人民教育出版社,2022:65.
③ 中华人民共和国教育部.义务教育艺术课程标准(2022年版)[S].北京:人民教育出版社,2022:4.
④ 中华人民共和国教育部.义务教育艺术课程标准(2022年版)[S].北京:人民教育出版社,2022:65.

第二节　国内外美术教育中
纸艺动画课程的研究现状

一、关于融合课程的开发现状

（一）国内融合课程现状

目前,国内对课程整合的研究主要集中于综合课程。截至 2022 年 7 月 23 日,笔者以"融合课程"为关键词,在知网进行跨库检索,搜索到 1359 篇文献;在知网查询"艺术融合课程",有 114 条相关文献,阐述的艺术融合课程文献大部分是关于艺术相关学科的课程整合或信息技术、体育等学科与艺术的课程整合。

周新悦(2015)认为艺术融合不是对艺术与非艺术学科的简单叠加,而是基于学生的整体发展,实现所有课程的真正融合。① 上海市部分学校有微电影课程的教学实践,该课程着重动画与影视方向的教学,未与地方资源相结合,仍然缺乏地域特征与感召力。

新课标中对于突出课程综合有了明确的规定:以各艺术学科为主体,加强与其他艺术的融合;重视艺术与其他学科的联系,充分发挥协同育人功能;注重艺术与自然、生活、社会、科技的关联,汲取丰富的审美教育元素,传递人与自然和谐共生理念,促进学生身心健康、全面发展。② 新课标的落地为纸艺融合课程的实施提供了政策保障。

（二）国外融合课程现状

从笔者搜集的文献来看,艺术融合课程是国际教育界近年来的研究热点之一,尤其在美国和加拿大,相关研究内容和成果非常丰富。艺术融合课程的实施面很广,理念和实践研究都比较充分。在美国,艺术融合课程的开设时间相对较早,公立学校长期倡导艺术融合教育。国外学者通过对艺术融合课程的研究,提出了一些理论框架和实践模式,这对于国内艺术融合课程的建设和发展具有重要的参考价值。艺术融合(Arts Integration)是基于学校课程运动的结构化、概念化和哲学化的理念提出的。尼

---

① 周新悦.《艺术整合》课程研究[J].软件导刊(教育技术),2015,14(04):16 - 18.

② 中华人民共和国教育部.义务教育艺术课程标准(2022 年版)[S].北京:人民教育出版社,2022:2.

克和拉布金等人在《把艺术放在画面中——重塑21世纪的教育》一书中对艺术融合课程进行了全面深入的阐释和证明。跨学科艺术融合课程已成为21世纪教育改革的有效途径。它是一种全新的教育理念、全新的课程教学方式和学习方式。目前,国内外教育者日趋重视跨学科艺术融合课程的内涵和价值。国外早在很久以前就开始了对其的大力发展和推广。

肯尼迪中心官网对艺术融合课程的定义、实施背景、实践状况和相关资源等都进行了详细介绍和阐释。目前,美国实施的艺术融合课程主要有英语与艺术的融合、社会学习与艺术的融合,科学、数学等与艺术的融合等。艺术形式和内容包括音乐、舞蹈、戏剧、视觉艺术等。

国外在艺术融合课程方面的研究历史较长且较为成熟。杜威的合作者及同事总结了设计教学法,成为之后的课程整合方法。20世纪中期,基于问题的学习和探索性的学习,要求学生进行跨学科的多学科调查或问题创建,而这些元素仍然是目前艺术融合课程所倡导的。在20世纪六七十年代得到愈发广泛的关注,因为艺术逐渐成为社区组织、公立学校的组成部分。

美国哈佛大学专门研究儿童艺术才能成长的"零点计划"(Proiect Zero)主任霍华德·加德纳博士,在来华演讲时也特别提出:"艺术训练不同于艺术教育。在艺术训练里,学生们是以他们将来要变成艺术家为目的而进行艺术学习的。因此,学生们在图画课上学习专门艺术家的作画方法,在音乐课上以成人的方法学习演奏乐器。在艺术教育里,学生们学习艺术形式而不一定需要学习如何去表现艺术。艺术教育的目的是使学生们通晓不同的艺术形式从而变成有知识的观(听)众。他们将学习某一艺术形式的历史,他们将学习艺术形式里的正统规则和技巧要素,他们将有机会练习如何辨别和批评作品。"[①]

融合奉贤特色的纸艺动画课程,与传统民间纸艺、传统的地域特色课程和其他融合课程相比,它更具有趣味性、可操作性和时代性,在技艺上往往更新于传统的制作流程,形式上更为直观化,更富有叙事性、概括性和想象力。

综上所述,可以看出纸艺动画的课程研究已有实施,但是课程教学的开发还未形成一定的清晰路径和实施方法。目前跨学科艺术融合课程的内涵和价值正逐渐被国内外教育者所认识和重视,融合地域特色是一种目前国内外都认可的实施教学的有效途径。虽然已经取得了一些研究成果,且近几年的研究趋势正逐渐上升,但目前仍主要存在以下不足:

1. 纸艺课程开发相关的研究内容缺少跨学科的联合和跨门类的整合,涉及新课标要求的基础教育跨学科主题学习的内容几乎没有。

---

① 余永健.简论美术教育与相关范畴的几个关系[J].美术观察,2007(1):105-107.

2. 纸艺课程开发与地域文化、乡土文化资源的互动研究不足。

3. 纸艺融合课程研究的方法和路径未明确。

二、中小学纸艺动画课程开发现状

（一）国内纸艺动画课程现状

纸，是中国古代劳动人民的一个重要发明，利用纸材取材广泛、可塑性强等特性，运用折、揉、剪、搓、团等技法进行美术课堂创意教学，有其特别之处。

国内很多中小学基础美术课中已经形成了一些丰富的纸艺校本书籍和论文资料。主要为课堂教学的纸艺形式、媒材的开发、关于纸艺及动画单独教学的内容。当下的美术课堂教学中鲜有涉及纸艺动画融合的课程。

检索关键词"初中纸艺课程"，知网中有 15 篇相关论文，苏海红等人认为，纸艺课程应引导学生从身边的事物中寻找感兴趣的素材，从学生的生活实际出发，可以切实培养学生的综合实践能力和创作设计能力。检索"初中""地方文化课程""艺术"关键词，有 3 篇相关论文，却无一一使用纸艺开展地方文化教学。首都师范大学尹少淳教授在《美术教育学新编》一书中提到：地方美术课程资源中的自然资源目前被许多地区学校利用开展美术活动，取得较好的成绩。[①] 巩平、杨嘉栋根据不同版本的中小学教材以及到各个学校听课和调研，总结编写了《多种材料的艺术创造——基础美术教育制作课程研究》一书，强调：纸造型在美术教学中要具有生活性、创造性、趣味性以及简便性，并通过大量的作品图片展示，详细说明了纸造型的构成原理和创作的构思。[②]

1957 年，上海美术电影制片厂成立。万古蟾导演率领创作团队，在 1958 年成功拍摄了中国第一部彩色动画片《猪八戒吃西瓜》。该作品采用了剪纸动画的形式，独具民族特色，表现出独特的艺术风格。这部作品开创了中国动画艺术的新风格，为中国动画赢得了巨大的国际声誉。

黄颖在《动画概论》中有这样一段描述："剪纸动画是在借鉴皮影戏和民间剪纸等传统艺术的基础上发展起来的一种美术电影样式。"[③]贾否、于海燕在《动画技法》中写道："剪纸动画片是在借鉴皮影戏和民间剪纸艺术的基础上发展起来的一种动画片样式。"[④]王洋的硕士学位论文《活动的民间艺术——探索中国剪纸动画》摘要中写道："剪纸动画艺术是中国特有的动画艺术种类，它是中国传统民间艺术与现代动画艺术

---

① 尹少淳.美术教育学新编[M].北京:高等教育出版社,2009:332.
② 巩平,杨嘉栋.多种材料的艺术创造——基础美术教育制作课程研究[M].北京:北京出版社,2009.
③ 黄颖.动画概论[M].上海:上海人民美术出版社,2012:75.
④ 贾否,于海燕.动画技法[M].北京:北京广播学院出版社,2005.

的完美结合,它不仅把古老的中国剪纸艺术、皮影艺术融合在其中,而且借鉴了传统的年画甚至熏画的艺术特色。"①

纸艺动画借鉴了纸艺的雕镂技术和造型特点并作为主要表现手段,吸取中国民间皮影戏、木偶戏的关节装配手法来操纵角色动作。万氏兄弟对中国动画的创作提出了发展方向:"在中国电影界中,应该以中国的传统和故事为基础创作动画片,要符合我们的理智和幽默感,还要有教育意义。"万氏兄弟倡导创作中国式幽默的动画片,注重将教育元素融入娱乐,反对单纯的娱乐片。据此,他们开创了中国动画理论的先河,并使中国动画从 20 世纪 40 年代起即迅速发展,一举在亚洲取得了领先地位。

在国内,几乎所有的省市都有纸艺课程的实践,但从目前的资料来看,这些纸艺课程的主要目的是传承优秀传统文化,并没有结合地域特色作纸艺课程的突破,没有鲜明的特色,缺乏深入人心的地域文化感召。目前国内对于课程整合的探索和研究主要集中于综合课程,而对艺术融合课程的研究相对欠缺。虽然近十年来,越来越多的学者和教育者开始关注艺术融合课程,但直接关联的研究和文献仍然较少,对理论认识不够,没有形成系统概念,实施方法也比较缺乏。当然,从总体而言,艺术融合课程还是取得了一些研究成果,且近几年的研究趋势正逐渐上升,研究内容也越来越趋于深入全面。

(二) 国外纸艺动画课程现状

在国外,关于纸艺运用的研究很多。日本普及折纸课,他们认为:折纸能锻炼手脑的协调能力、激发孩子的创造力和空间想象力。英国一档名为《Art Attack》的儿童节目,其最大的特色就是用废旧报纸再创造,制作出更加美观有型、更有价值的艺术品,深得孩子们的喜爱。菲律宾雅典耀大学——宿务雅典耀圣心学校以志愿经历为实践基础,以剪纸文化为教学对象来进行课堂设计,旨在探索、研究中国文化海外教学过程中的新方法,但没有将当地的特色融入剪纸艺术课程中。

经过市场调查,当前的书店、资源中心有很多有关纸艺的书籍,但是大都没有根据当地的地域特色、学生实际情况来实施课堂教学,缺乏创新性。现在的学校课程教学,学科相互之间的配合已经开始出现,虽然跨界不是很大,涉及的基本都是人文学科,但是学生对此已有强烈的知识融汇的意识,因此迫切需要在国家基础型课程中开发与实施纸艺动画融合课程。

---

① 王洋.活动的民间艺术——探索中国剪纸动画[D].河北师范大学.2009.

三、地域文化视域下课程开发现状

地域文化是一定地域内人们创造和改造出来的物质财富和精神财富的总和。地域文化的地域性、丰富性、亲缘性、稳定性和动态性特征，使其在对基础教育学校课程的定位、对课程的诉求和课程内容等方面产生重要的影响。

（一）国内地域文化视域下课程现状

截至2022年7月，以"地域特色""美术课程"等关键词查询知网，有89篇文献，这些文献主要表述地方资源在美术学科中的拓展及各地将地域文化特色导入美术课程的尝试，但针对地域文化融入教育课程的理念、路径、内容、原则、成效评估等方面的研究尚不充分。

地域特色课程开发主要围绕课程资源开发问题，探索有效途径，认识地域文化独特的课程资源价值。在崇尚传承和弘扬中华优秀传统文化的当下，寻求课程建设的策略与方法，必然成为新课程推进过程中的重要任务。

奉贤乡土纸艺是上海市奉贤区自古以来广为流传的一种纸艺艺术。通过刻、剪、折施展的传统手工工艺，已经成为人们生活中，特别是喜庆、丧葬、装饰时的必备用品。老一辈传统手工艺人一代代口口相传、以师徒方式流传下来的精湛技艺到了当代社会渐趋式微，前一辈的老艺人都已经相继谢世，有些曾经的艺人，因种种原因也退出了纸艺队伍，出现了传承的断层现象。奉贤的艺术教师应义不容辞地担负起让下一代的孩子传承奉贤乡土纸艺的使命。

（二）国外地域文化视域下课程现状

美国地方课程开发的过程通常采用问题解决模式，以教育教学的实际需要作为改革的首要价值目标。以诊断社区需求作为课程开发的第一步，追求更多管辖区域的特色，具有很强的地域适应性，以从业者的问题而非外界的想法作为变革的逻辑起点。教师和学校是地方课程开发的核心和参与者。

加拿大地方课程开发是省政府教育部根据省级课程计划和学业要求的相关法律法规制定的、最低层次的通用课程大纲和通用课程基础。不同地区、不同民族、不同语言的学校都非常重视开设一些地方性的课程，并将其纳入整个课程体系。例如，在西北地区，因纽特人和德内人的文化课程被列为中学的基础课程。

可见，地域文化在国外同样被视为不可或缺的课程之一。

第三节　开发纸艺动画融合课程的意义与价值

由于教师的认识不同,在其美术课中所体现的倾向也不尽相同,有的倾向于智力开发,有的倾向于个性发展,有的倾向于写实性造型,有的倾向于创作美术作品,有的倾向于某种专门绘画技术训练等。因此,美术课所增加的专业美术的成分也就不会一样。[①] 研究纸艺动画融合课程的艺术教师需要对奉贤特色纸艺动画融合课程所涉及的一系列过程作概念界定、制作方法研究,以及对发展前景作出一定的预设。

一、与奉贤特色纸艺动画融合课程有关的几个概念

(一) 奉贤特色

在开发校本化课程资源的策略上,强调校本化课程资源的地域性,突出地方特色,自主安排教学内容,自由进行教学活动,充分有效地利用校本化课程资源,打破了"校校同课程,生生同课本"的陈旧格局,使学校、教师、学生都有自我发挥、自由表现、自由创造的空间。

本研究主要指向地处上海奉贤区东部的青村镇,该地传承了1400年的古桥梁特色、江南民居鲜明特征的明清建筑、丰富的民俗文化(打莲湘、剪纸、刻纸、折纸、民间舞蹈"卖盐茶"等)。

(二) 融合课程(fused curriculum)

融合课程是指把有着内在联系的不同学科合并为一门新学科。本研究主要指纸艺与动画跨艺术门类的融合、纸艺与奉贤特色跨学科的融合、纸艺与信息技术跨技术的融合、课堂内外以及线上线下教学方式的融合。

1. 奉贤文化的融合

融合式教学的学习资源是多样的,可以来自教科书、教辅材料、网络媒体资源等。以深入了解奉贤文化为主要内容,丰富的地域资源进入纸艺课程,不但为学生所喜闻

---

① 王大根.学校美术教育目的论[M].长沙:湖南美术出版社,2014.

乐见,更是拓展了学生艺术学习的内容。特别是乡村学校,把寄托着浓浓乡情的地方资源融入课堂,可以彰显地方特色,亲近的情境可以拉近艺术与生活的距离。

2. 纸艺技术的融合

在综合材料创作中,纸是画面的重要组成部分,具有相当特殊的质地和性能。纸作为艺术表现的载体,具有时代的印痕,具有人文背景和社会信息。课程以学生日常生活为出发点,通过项目化的学习方式,引导学生探究奉贤纸艺课程的融合新方向。随着时代的发展,传统手工艺已经无法只依靠人的双手来传承与发扬了,必须依靠网络和新媒体设备来弘扬中华传统文化和奉贤文化;同时学生的造型能力还无法达到传统民间美术的形准要求,我们通过教学的信息化使纸艺作品结合当代国内外的纸艺表现,达到从平面到半立体再到立体效果、从静态到动态,从而形成表现形式上的融合。

3. 教学方式的融合

不同的学生具有不同的学习风格和学习需求,融合式教学通过组织项目化学习活动,以问题为引领,结合传统师徒口口相传的方式、学校课堂教学,形成混合式纸艺教学,教师不再是学生学习的"灌输者",而是提供表现性任务之后指导学生通过走访、邀请传承人等项目化学习方式提出问题、分析问题、解决问题的"引导者"。

伴随着线上教学的广泛使用,教学方式产生变化,奉贤特色纸艺动画融合课程的教学也形成了线上线下融合式教学方式。以项目为引领,鼓励学生探究问题、发现问题、研究问题、解决问题,从而达到学会以纸艺动画表现奉贤文化的学习过程,并以各类艺术表现形式呈现学习结果。

(三)纸艺动画融合课程

纸艺种类繁多、题材丰富,能创作出很多别出心裁的作品。

本文所研究的纸艺动画是指运用纸材料,通过各种新媒体手段制作的视频动画作品,并且创设与奉贤特色相融合的情境,进行相关文化的传达,为传统纸艺和定格动画结合创作提供新思路。

(四)奉贤特色纸艺动画课程

本研究中指以奉贤特色为表现内容、以纸艺创作为课程主体、以动画艺术为载体,通过跨学科与跨艺术门类的课程研究,希望从广义上进一步打开传统纸艺创作的大门,提出多种纸艺衍生形态艺术。这种尝试是一种跨学科式的,探究更具国际艺术发展特点的纸艺融合课程的实施路径。

二、奉贤特色纸艺动画融合课程开发的设计思路

(一)立足艺术课标 确定融合课程方向

借助奉贤文化资源,将目前艺术学科中纸艺与动画课程独立的分科教学进行融合

的课程开发,包括课程理念、课程目标、课程内容、课程实施、课程评价等方面。注重引导学生理解"美术反映不同时代、国家和地区的历史与文化传统"。

"表现无限创意"的重点:设计单元教学活动,引导学生学习美术家观察、思考和表现的方法;帮助学生发现想要表现的题材,提炼主题,以个人或小组合作的方式探究传统或现代的工具、材料和媒介,选用绘画、雕塑、摄影、动画、微电影等形式,富有创意地完成作品创作,表达自己的想法、观念和情感;鼓励学生将创作的作品用于文创设计、班级布置和校园展示等,进行分享与交流;注重引导让学生理解"美术可以表达思想与情感,并发展创意能力"。①

根据奉贤志记载:奉贤东部的青村,地域文化资源丰富。一个具有千年历史与文化积淀交织而成的名字,赋予了这个古镇深厚的人文色彩和发掘潜力。一个个力透纸背的美丽传说和人文故事,史料浩瀚、文脉清晰,一个积淀厚重的文明古镇和正在打造的美丽特色小镇呼之欲出,尽收眼底,为本课程的创作素材积累了基础。

1. 调研奉贤特色

青溪位于上海奉贤区东部,这个历史悠久的村庄,距今已有一千四百多年的历史。在隋末唐初时期,这里还是陆地,后来溪水穿过村庄,通向大海,因为两岸芦苇茂密葱绿,被称为青溪。清朝雍正时期,青溪改名为青村港,到了民国时期又改回了青溪这个名字。青溪是一座世外桃源般的小镇,是一座国际大都市中原汁原味的村落,是一座尚未被城市化进程所湮灭的美

青溪老街

丽市镇。青溪老街全长 1330 米,街宽约 3 至 4 米,蜿蜒盘曲,傍河依水,与之相邻的市河长度 1770 米,河水经过治理碧绿澄清,河街之间布局灵动、空间丰富,凸显出传统江南水乡的街河格局和风貌。

2. 学科知识融合

奉贤民间滚灯

在奉贤特色纸艺动画教学活动中,学科知识的综合运用有别于其他学科的教学。在学校教育的大多数分科教育中,学生面对的是分科知识的课堂教学,主要是文字、概念、公式、定义等,然而纸艺动画更多地偏重于学科经验的累积,更多的是视觉感知与形式的呈现。学生通过视觉感知,了解奉贤的乡土纸艺形式、奉贤的特色人文景观、本地的民俗特色,并且积累生活经验与知识,形成主观感受。因此,本研究针对地域文化资源丰富的青村,鼓励和

① 中华人民共和国教育部.义务教育艺术课程标准(2022年版)[S].北京:人民教育出版社,2022:72.

引导学生走进身边的地方和社会文化资源，观察、调研有特色的自然和人文景观、乡土音乐、民间美术、民间舞蹈、地方戏剧（含戏曲）资源，融合历史、人文、艺术、民俗等学科范畴的知识，深入了解和学习奉贤地区特色文化景观、文化遗产和遗迹、各类传统艺术等，发掘其蕴含的地方文化精神和核心价值观，引导学生增进对地方文化和民族精神的理解与认同，树立文化自信。

笔者在落实纸艺教学的过程中发现：学生在学习民间传统的有寓意的剪纸时，缺乏对生活经验的表达；教材中呈现的纸艺作品精美但图案造型复杂，对于学生来说，很难模仿和尝试练习、创作。为了拉近学生与纸艺创作之间的距离，笔者将奉贤地域特色作为创作的来源，以纸艺为技法、以动画为表现形式进行融合教学，显著提升学生学习纸艺的热情，进一步激发学生对家乡的热爱。

3. 系统性显著

奉贤特色是一个地方风土人情、传统建筑、自然风光、民俗活动、人文特点的集合，承载着奉贤范围内千百年来的历史文化。不同的奉贤文化和别具一格的地域景观共同构成了奉贤地域特色，奉贤特色能够直观反映时空特点和社会经济文化特征，包括当地文化形态、历史遗存、社会习俗和生产生活方式等。地域经济水平、文化发展和政治情况会影响地域特色的形成，一定的地域特色在形成之后也可以反过来影响当地的经济、政治、文化的发展。地域特色是结合一个地方具体情况而呈现的不同特点，与当地历史文化相符，并且一定区域内的传统特色具有一定稳定性，所以奉贤特色的系统性显著。奉贤特色具有区域性、人文性、综合性三个特点。

（1）区域性

区域性是人们界定一个地方的主要依据。每个地理事物或事件都发生在特定的时空范围内，被具体的人群所见证。因此，区域性成为地域特征的标志性特点之一。例如，源于唐宋宫廷音乐的潮州音乐、长阳巴山舞蹈的兴起和传播、源于古傩舞的英歌舞和源于东晋中原文化的剪纸等就带有明显的区域性特点。

（2）人文性

人们研究一个地方的地域特色，首先看重的是人文性。人文性成为人们研究一个地方的重要依据，是因为地域的人文性是人类所体现的比较科学的意识行为。地域文化特色是在自然条件基础上，深刻把握人文要素的突出内涵。从这个概念上来看，地域的人文性包括了物质的或者非物质的行为。无论是纸艺还是动画，都是具有鲜明地域文化特色的艺术形式。纸艺动画片是中国动画学派的一种表现形式，具有前卫精神和通俗文化特性。学生通过参加纸艺和动画课程来学习和探索更多的技巧和知识，感受它们带来的魅力和惊喜。总的来说，地域的人文性是人们研究地域特色的重要依据，同时也是地域的重要特点。

（3）综合性（或系统性）

地域反映的往往是一个关系或者实体错综复杂的综合体。综合性的地域文化是由自然和人文要素共同构成的,因此研究一个地域的文化需要综合考虑各种要素,才能全面地把握一个地域空间。

比如,奉贤特色具有种种特征,如历史性、差异性等,认识这些特点,有助于学生更好地认识自我生长的地域空间,有利于教师更好地从事各种奉贤特色的纸艺教学活动。

纸艺作为一种传统的手工艺,其中最具代表性的就是剪纸和折纸艺术。从安徽泾县到江西铅山,再到贵州丹寨、云南傣族、四川夹江、浙江富阳和广东四会,每个地方都有独特的民间纸艺。这些纸艺作品展示了中国地域文化的多姿多彩,这些艺术作品不仅令人着迷,而且深刻地反映了中国地域文化的魅力和多样性。上海的纸艺与众不同,著名的徐家汇海派纸艺工作室掌门人朱立群老师这么解说上海的纸艺:"作为专门训练创意能力的海派剪纸,与其他剪纸有着诸多不同之处。我们着重的不是经过严格技艺训练后呈现的画面,因此即使从来没有剪过纸,绘画能力也没有很高,但只要敢于用剪纸表达,就能创作出好的作品。"这样的纸艺创作为造型基础薄弱的学生提供了表现的舞台,引导他们将丰富的奉贤地域文化融入纸艺动画,具有典型的海派纸艺创作风格和可操作性。

（二）立足文化特色 融合课程开发思考

以纸艺为核心、以动画为媒介表现奉贤文化特色的课程,应实施项目化的融合课程教学。在区域学科教研团队和区域学科领导者的引领参与下进行本课程的开发与实施,课程开发的思考主要来自以下三个方面:

1. 一定程度解决传统纸艺教学的问题

2022年,向区域32所学校师生发放相关问卷调查,结果表明:第一,教师忽视传统纸艺课程倾向比较明显,组织学生开展传统纸艺课程的热情不高;第二,中小学各学科课程教材在中华优秀传统文化教育方面统整设计不够,系统性不强,教学内容仍然属于分科教学;第三,纸艺教学缺乏和地方文化资源的联系。此外,教师还表现出不善于融合信息技术开展纸艺课程教学。因此,纸艺课程教学存在教学内容陈旧、教学方式单一、过分强调技能学习等问题,无法体现传统纸艺独特的育人价值与核心素养的培养,亟须予以加强和改进。

2. 融合课程为纸艺教学提供新路径

融合课程的提出,对纸艺课程的教学方式提出了新的实施路径,而纸艺教学的发展也在信息时代遇到了瓶颈,两者都对当代艺术教师提出了更高的要求。本课程的开发力求通过融合美术、音乐、语文、历史、地理、信息技术等学科,开展项目化奉贤特色纸艺动画课程,从而落实新课标理念,培养学科核心素养。

3. 项目化学习改进传统纸艺教学方法

针对传统纸艺课程中迫切需要解决的浅层和低效学习问题,以及新课标提出的更高要求,我们以项目化学习作为研究的理论依据和方法指导,系统设计、多措并举,探索走向核心素养的课程教学改革。

因此本课程依托传统地方资源开发纸艺动画融合课程,通过开展教学实践以及综合性实践活动,充分发挥协同育人功能,落实学科核心素养。

(三) 立足教学设计 实践融合课程创新

所谓教学设计,简单地说,就是指教育实践工作者为达成一定的教学目标,对教学活动进行的系统规划、安排与决策。教学设计在课堂教学中的实施,可以让教师对教学活动的过程有整体的把握。本研究中着重采用两种教学设计的方法:追求理解的教学设计(Understanding by Design,以下简称 UbD);项目化教学设计(Project-based learning,以下简称 PBL)。

1. 以终为始逆向解决纸艺动画教学的重点

教学是达到最终目标的一种手段。具有明确的教学目标,并且在学习纸艺动画的过程中始终朝着这个目标真实发生着学习探索,这是我们落实 UbD 教学设计的重要路径。

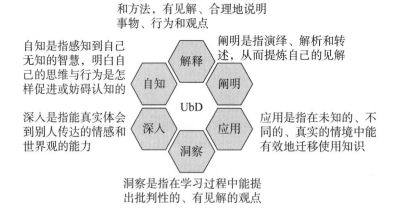

UbD 理解的六个维度图

确定用纸艺的艺术表现方法讲述奉贤故事的评估证据后,设计纸艺动画的学习体验和教学的三个阶段。

阶段1:确定预期结果,明确学生应该知道的奉贤乡土纸艺,理解奉贤文化与精神,能够做到使用纸艺创新讲述奉贤故事,理解奉贤乡土纸艺要发展必须打破陈旧的制作方法,与时代接轨,持久理解时代的发展促进优秀的传统文化与手工艺融合更新的文化与技术。

阶段2:确定纸艺动画课程的评估证据是指从纸艺动画课堂反馈知道学生是否已经达到了预期结果,从创意的纸艺制作、奉贤文化与故事的理解表达、动画故事的创作流程等证据,查看学生对奉贤文化精神的理解和纸艺动画创作的掌握程度。

阶段3:设计学习体验和教学,预设学生有效地开展纸艺动画学习并获得奉贤特色纸艺动画创作的预期结果,他们需要学习奉贤乡土纸艺技法与知识,了解动画创作的过程与软件,学会运用各学科知识创作奉贤故事。通过以明确任务的逆向学习活动,使学生主动探索获得创作奉贤故事的纸艺动画所需的知识与技能。

由此,UbD 的教学设计在落实奉贤特色纸艺动画课程的开始与实践中,是一条非常重要的路径。

2. 以项目为主轴架构纸艺动画融合课程

PBL 是一种以学生为中心的、面向真实问题解决的国际教学方式。本课程同样也采用 PBL 的教学设计。

华东师范大学钱初熹教授指出,PBL 提倡主动学习和基于探究的学习方式,学生通过长时间的工作来研究和回答一个复杂的问题或挑战了解一个主题,即学生通过积极探索现实世界的挑战或问题获得更深层次的知识。①

在这种教学模式中,学生在教师或他人的指导下提出问题,并在他们的支持下探究和发现这些问题的答案。PBL 的课程是由几个重要问题引导的,这些问题将内容标准、高级思维与真实情境紧密联系在一起;拓展任务性的学习产品和表现来开发认知领域的知识和技能;真实评估要求学生完成真实的任务,而不是通过回答试卷上特定的问题来展示他们所学的知识。学生们一起解决学校和社区的现实问题。成功地解决问题往往需要学生从几个学科中吸取教训,并以非常实际的方式加以应用。②

华东师范大学崔允漷教授认为:项目首先是真实生活中的事与物,有明确的意图与目的,因为它是人类的实践。同时,还要有一定的知识基础或技术规范,有一段从事项目的时间。并且,崔教授还归纳了项目的特征:有目的的、有实践性的、生成性的、集聚各种资源的、有始有终的。

---

① 钱初熹.基于项目学习的美术教育[M].上海:上海教育出版社,2021:8.
② 钱初熹.基于项目学习的美术教育[M].上海:上海教育出版社,2021:8.

PBL 的五种特征

在本课题研究中,项目的实施具体有以下五种特征:

（1）以设计制作奉贤特色纸艺动画项目为学习的起点,一切学习内容以本项目为主轴而架构。

（2）本项目是学生在未来可能面临的"真实世界"的非结构化的问题,随着项目的推进随时确定问题的解决方法和过程。

（3）本项目的学习过程以学生为中心,学生要担负主动探究奉贤乡土纸艺的技能、动画创作的过程与软件操作、奉贤故事的创编等学习的责任,从而激发自己的兴趣。

（4）本课程的教学着重培养学生批判性思维,解决学习过程中所遇到的问题的能力、团队合作的能力、沟通交流的能力。

（5）每次项目考察结束或每个单元课程结束时,学生要能够进行自我展示与评价,并接受小组评价;尝试在整体项目完成后公开展示学习过程。

在上海市教育科学研究院第三届学习素养·项目化学习峰会暨上海普教科研40年系列学术活动上,崔允漷教授还指出,新修订的国家义务教育课程方案中两次提到了"项目":一次是"加强课程内容的内在联系,突出课程内容结构化,探索主题、项目、任务等内容组织方式",这个语境就是谈用项目的方式把课程内容结构化;另一次是"探索大单元教学,积极开展主题化、项目式学习等综合性教学的活动",这个语境是讲项目式学习是一种综合教学。无论哪一个语境,"项目"背后隐藏的价值取向是一样的,即素养导向、单元设计、真实情境、知识整合。

我们在项目实施的过程中尽量避免两种传统、低效的教学设计:其一,教师全面传授内容,不顾学生在学习中的主体地位;其二,课堂上活动一个接一个,看起来很丰富但都是零散的。UbD 和 PBL 的教学设计将教学结果、评估证据和学习体验的教学活动进行组合,重视学生主体地位,落实核心素养,高效地培养学生的学习能力。

三、奉贤特色纸艺动画融合课程开发的意义与价值

(一) 地域特色剪纸动画融合课程开发的意义

1. 丰富学生的剪纸表现语言

每个地方都有其独特的地方文化,它向人们传递着该地区的情感氛围、地域特色以及审美情趣。青溪是典型的江南小镇,有着江南典型的水乡建筑布局,因此也孕育了江南的艺术文化。老街的建筑、老街的桥、老街的人文气质,都为校本课程的开发提供了丰富的历史校本课程资源。但由于对教育内涵的理解有所偏颇,以及对地域文化的教育功能理解不足,许多时候地域文化的教育功能处于被遮蔽的状态。因此,我们必须充分发挥地域文化的教育功能,在教学过程中体现地域文化的特色价值、历史价值、时代价值。这对学生的全面发展、教师教学水平的提高、民族凝聚力的增强会产生积极的影响。

"教学生剪纸,不只是传承一门技艺,更要弘扬中华优秀传统文化,提升文化自信。"因此,剪纸动画课程不仅教学生们学习剪纸的语言和技法,而且教他们如何解读传统剪纸作品表达的内涵、当代剪纸如何更加深入人心。剪纸技法是创作的前提,但要想真正创作出形神兼备、栩栩如生的剪纸作品,除了剪纸功底,还要有充分的想象力和造型能力。动画对学生的生活产生着极大的影响,它在人们社会中存在的时间极长,也是一种优秀的传统文化。随着时间的推移,我国已经逐渐成为世界上数字娱乐及创意的快速成长地区,动画创编是当代社会生活的一种表现形式和艺术表现技法,了解动画的创作过程可以增进学生对艺术学习的渴望。

2. 拓展学生的审美文化视野

学校经常举办展览、讲座、论坛等活动,以便让学生更加深入地了解文化遗产的丰富内涵。同时,将优秀的文化遗产内容和文化遗产保护知识纳入教学计划,编写教材,组织参观学习活动,以此激发青少年热爱祖国优秀传统文化的热情。青溪老街保留了许多古建筑和桥梁,被列为奉贤区文物保护点和建筑。如此多的遗产被保护起来的确是一件令人高兴的事,但许多的文化遗产只能靠各种形式代代相传,生存空间和发展道路都很狭窄,因此文化遗产的保护和传承迫在眉睫。对文化遗产的保护和传承离不开学校教育,因为新的一代都要经过教育的洗礼,因此开发地方文化课程资源是保护和继承地方文化的重要途径。地域特色课程有利于培养学生的民族自信心和民族认同感,有利于丰富课堂内容,同时能让学生对地方文化和传统文化产生强烈的保护意识,为其保护和传承创造条件。

在当前的时代背景下,全球一体化的趋势让各类境外文化相继融入我国,使得

我国诸多非遗文化受到不同程度的冲击和影响,有相当一部分非遗文化濒临消亡。民间剪纸艺术的传承大多依赖于传承人的口传身授,由于创作工艺较为复杂,基层环境中人力资源不足、创新创意不够、审美水平受限等诸多客观原因,导致其发展艰辛,后继乏力。利用区域的教研服务平台,立足新课标下融合课程的教学需求,实践融合地域特色纸艺动画课程,在守正纸艺的同时,基于学生日常生活中的地域文化特色和建筑特色,结合数字时代动画进行创新,创造性地传承古老的纸艺,并以新的非物质文化遗产课程的形式走进艺术课程,既能开阔学生视野,又能保护和传承民间艺术。

3. 促进学生的创新意识

其一,将奉贤特色融入课堂是继承和发展我国传统文化的主要内容之一。随着经济全球化的发展,社会在进步,但部分优秀的传统文化却逐渐从我们的视野消失。因此将具有地方特色的地域特色融入课堂教学是非常紧迫的。

其二,将奉贤特色融入课堂是因地制宜的开发。将奉贤文化融入课堂,有利于学生进一步了解自己的家乡,为家乡的发展出谋划策。从长远上看,立足于奉贤特色和现状能够引导地方特色产业的发展、促进经济的协调发展,从而全面实现小康社会,缩小经济等方面的不平衡发展。

其三,将奉贤特色融入课堂有利于爱国主义的培养。爱国不应该仅仅是一个口号,而是思想和实践的统一体。爱国应该从身边的小事做起,首先就是要爱家乡,热爱这片故土。将奉贤特色融入课堂能够让学生进一步了解家乡的历史文化、英雄人物、名胜古迹。这些文化是培养学生爱国主义情感的重要课程资源。因此研究和开发奉贤特色的爱国主义资源,是对学生进行爱国主义教育的一个重要环节。

综上所述,基于奉贤特色的校本课程开发符合时代的发展、符合新课改的理念、符合国家课程标准的要求,对学生全面发展、教师专业成长、地方发展都有积极的影响。因此做好奉贤特色的研究,对教育理念的实践能够产生深远的影响和实践意义,地域特色纸艺动画课程教学能启发学生观察并挖掘生活中的文化和物质资源,运用各种剪纸技法不断创作纸艺作品,使用数字动画的方式创作纸艺动画作品,提高学生在美术实践中的创新意识和迁移能力。奉贤特色纸艺动画课程教学符合新课标要求下的艺术发展趋向,能满足当代纸艺的发展需求。课堂教学保持相当大程度的开放性,学生尝试驾驭剪纸的多样造型方式与动画艺术的表现手法,认知和感受身边的奉贤文化与物质资源,充分发挥、利用纸艺动画的简便性和概括性。此过程能极大限度地激发学生自身的创造性思维与探究表现的兴趣。

(二) 地域特色剪纸动画融合课程开发的学习价值

本课程通过奉贤民俗传统文化、古建筑与纸艺动画教学相结合的方式,利用项目化的学习方法,团队分工合作,在实践层面形成了纸艺学习领域内相关课程间的整合,在传统纸艺学习中既保证了国家教材基础型课程的实施,又抓住了艺术教育中落实艺术的核心素养培养的关键理念,为国内艺术教育在纸艺动画课程方面的开发提供了有益的尝试,对现有跨学科相关学习理论体系作补充,为学生的融合课程学习活动提供了丰富的理论基础与实践经验。

奉贤特色纸艺动画课程的开发与实施对于学生的学习具有深远的影响。

1. 激发学生学习兴趣,促进学生的全面发展

兴趣是最好的老师。奉贤特色和生活在这一片热土上的学生的生活与学习密切相关。奉贤特色是学生身边的文化,可以亲眼看见、可以触碰到的文化。学生对于这些文化是具有熟悉感和亲切感的,因为就在身边,所以也有进一步去探索其内涵的好奇心。基于奉贤特色的校本课程开发,让学生亲自参与挖掘地方特色的实践,能够提高他们的学习积极性和主动性。整合和利用青溪老街地方特色,丰富了学习内容,因为是身边的历史,所以更能提高学生的兴趣、引发学生的共鸣,达到事半功倍的效果。

基于奉贤特色的校本课程开发能够促进学生的全面发展。可以通过展示历史图片,考察历史文化景观、历史遗迹等来培养学生的历史思维。在校本课程开发的过程中,也会着重培养学生收集、分析、归纳资料的能力,润物细无声地培养学生的各学科思维能力。现在许多学生都是独生子女,家里没有兄弟姐妹,缺乏与他人交往和分享的意识。在校本课程开发中可以通过小组合作培养学生的合作意识和社会交往能力。最后,在学习地方特色文化的过程中,学生能够充分地了解自己的家乡、了解家乡人民努力拼搏、不懈奋斗的精神,从而形成积极向上的家国情怀和人生价值观,促进他们的全面发展。

2. 锻炼学生的实践能力,培养学生的创新意识

将奉贤特色融入教学设计,一方面实现了教育理念的更新和优化,另一方面实现了与真实环境的有效连接,达到回归教育本源的效果。奉贤特色文化是在当地人们的生活中形成的一种文化形式,与人们的生活有着紧密联系。在教学中融入奉贤特色文化,能够加强学生与生活、自然环境间的沟通和交流。通过对生活环境、自然环境的了解,学生可以激发创作思维。地方特色文化学习不仅仅是知识和技能,还包括方法、情感、态度和价值观等方面的整合。实践并不是单纯地创作一件美术作品展示,而是将所学技能融入自己的作品,通过作品展现奉贤文化的内涵。在课程实践过程中,始终重视对学生实践能力的培养,鼓励学生通过实践发现问题、探析问题并解决问题。通过实践来培养创新意识、表达文化理解、检验学习效果。

3. 全面掌握知识,形成独特性的学习机制

奉贤特色的学习方式应当与其独特的知识形式相适应。建立一个良好的学习机

制,不仅能够促进学生对知识探究的全面融合,而且能为各学科知识的学习和迁移打下良好的基础。可以按照一般学习步骤,从感知、思维、表达三个方面建立一个适用于奉贤特色文化的学习机制。

在感知方面,学生需要通过多种形式的感知来深入了解奉贤特色文化,如观察、体验、感受等。学生可以通过参观文化遗产保护机构、实地考察、参加相关活动等方式来感知奉贤特色文化。

在思维方面,学生需要通过深入思考、分析、比较等方式来理解奉贤特色文化的内涵和价值。例如,学生可以通过阅读相关文献、听取专家讲座、参加小组讨论等方式来深入思考奉贤特色文化。

在表达方面,学生需要通过各种形式的表达来展示自己对奉贤特色文化的理解和掌握。例如,学生可以通过创作艺术作品、演讲、写作、表演等方式来表达自己对奉贤特色文化的认识和理解。

总之,建立一个适用于奉贤特色文化的学习机制需要从感知、思维、表达三个方面入手,通过多种形式的学习和表达,帮助学生深入了解奉贤特色文化,提高学生的综合素质。

(三) 地域特色剪纸动画融合课程开发的教学价值

1. 学术价值

将奉贤文化特色与纸艺动画教学相结合,通过项目化的学习方法,团队分工合作,在实践层面形成了纸艺学习领域内相关课程间的整合。在传统纸艺学习基础上既保证了国家教材基础型课程的实施,又抓住了艺术教育中落实艺术核心素养培养的关键理念。课程为国内艺术教育在纸艺动画课程方面的开发提供了有力的支撑,对现有跨学科相关学习理论体系作补充,为学生的融合课程学习活动提供了丰富的理论基础与实践经验。

为深度学习的实施提供新思路。在集体教研中将国家基础教材的内容、章节进行重新整合,以纸艺的表现形式改变教材的编排顺序,从地域文化、地域特色建筑出发,根据新课标及时对有关内容进行增加、补充、整合,从而使集体教研下教学中模块的示范作用更突出、各种情景教学更高效,教育教学更符合"双减"模式下的课堂教学和课后自主学习。地域特色纸艺动画课程实施项目化的学习方式,鼓励学生"像艺术家一样创作"。

2. 应用价值

(1) 丰富艺术课程资源

本研究成果将有助于丰富现有的艺术课程资源,使艺术教学更具有直观性、互动性和时代感,由单纯的传承走向创新;为传统艺术融合课程开发与实施提供新思路,促进教学方式、方法的转变和创新发展;为研究该方向的教育工作者提供切实可行的案例参考;将有助于学生核心素养的培养,促进学生全面发展。

（2）促进纸艺课堂多元化

奉贤特色纸艺动画将纸艺动画课程纳入艺术课程,让学生了解纸艺动画的基础知识和创作技巧。通过多种形式的学习和表达,帮助学生深入了解奉贤特色文化,提高学生的综合素质。邀请纸艺与动画专业人士来学校开展纸艺动画课程,让学生了解更多的纸艺动画技巧和创作经验,同时也可以帮助学生更好地了解纸艺动画的艺术内涵。通过多种方式促进纸艺动画在教育领域的多元化发展,可以让更多的学生了解和学习纸艺动画,培养更多的纸艺动画人才,同时也可以更好地展现中国民族文化的魅力,最终希望推动奉贤的纸艺形式更加多元化,也能促进纸艺课堂教学更加形式丰富。

可见,纸艺课程的传承势在必行,纸艺与动画的融合促使纸艺课程教学更为精彩,而结合地域优秀文化的奉贤特色纸艺动画课程,不仅令学生陶醉,而且对于正在传统纸艺教学路途上摸索前进的艺术教师来说是一条可行的途径。

第二章

奉贤特色纸艺动画融合课程框架结构

融合课程的提出,是为了顺应时代发展需求和上海招考新政的要求。学科教学如何拥抱改革,如何让学习最大限度地与真实世界对接,做到既关注知识能力的生长厚度,又关注意志品质和道德修养的成长高度,培育有传统底蕴、全球视野、创新思维,能肩负起民族复兴大任的时代新人,这是我们进行育人模式创新的主要实践方向。为此,以培养学生学习领导力为导向,破除学科边界,寻求学科融合契机,打造融合课程,是我们创新教学模式的主要着力点。

一、奉贤特色纸艺动画融合课程理念

本课程的理念：坚持以美育人，重视艺术体验，突出奉贤特色纸艺动画课程的综合。

立足基于传统文化与纸艺融合的理念，持续探索校本课程的最佳路径，将传统文化浸润青村特色、青溪老街风貌，让艺术实践滋养学生心灵、促进学生发展，使"纸艺来源于生活而又表现生活"的理念落地生根。在学校的大力支持下，借助奉贤地域文化资源，将目前艺术学科中的纸艺与动画课程的分科教学进行融合课程开发，包括课程理念、课程目标、课程内容、课程实施、课程评价等方面。分学段设置不同的学习任务，并将学习内容嵌入学习任务，包含"欣赏·评述""造型·表现""设计·应用"和"综合·探索"四类艺术实践。确定以纸艺为主体、以动画为载体的主要研究内容，两者融合表现奉贤特色地域文化。

奉贤特色纸艺动画融合课程是跨学科的学习，既融合了纸艺、动画、奉贤文化等艺术学科内不同的门类，也融合了文学、历史、地域特色、音乐、信息技术等不同学科的内容，重视艺术与自然、生活、社会科技的联系，汲取丰富的审美元素，传递人与自然和谐共生理念，促进学生身心健康、全面发展。

二、奉贤特色纸艺动画融合课程要求与架构

美术是运用一定的物质材料，通过造型手段创造出来的具有一定空间和审美价值的视觉形象的艺术。美术作为一种艺术形式，是人类文明的重要组成部分，对于人类文化和社会发展起着不可或缺的作用。它涵盖了绘画、雕塑、建筑、装置、摄影、影像等多种艺术形式，可以通过描绘、概括和表现客观现实生活或对象来传递信息，也可以通过体现、倾吐和反映主体精神世界来表达情感。因此，美术作品可以是具象的、意象的，也可以是抽象的、半抽象的；可以是观赏的，也可以是实用的。如今，美术正全方位地向生产和生活渗透，而生产和生活也向审美的方向发展。所以有人说，未来将是一个艺术的时代，这不是没有道理的。当前，一个适应现代社会发展的多元化、多向量、多层次的"大美术观"正在形成，以美术活动为手段的学校美术教育也必然要顺应时代、社会的发展，适应"大美术观"而形成现代美术教育观。①

---

① 王大根.学校美术教育目的论［M］.长沙：湖南美术出版社，2014.

通过以下方法,可以更深入地通过纸艺动画创作了解创作艺术作品的过程:

阅读相关的艺术史、美学等方面的书籍;了解纸艺与动画的基础知识和历史背景;逐步了解中国古代纸艺的发展历程和特点、动画的发展与变革等,知道不同流派和代表作品,逐步延伸到了解奉贤乡土纸艺的基本技能和发展历史。

参观美术馆、博物馆等艺术场所,观赏不同风格、不同时期的纸艺作品和动画作品,直观感受艺术家的创作思想和技艺水平。同时,也可以与其他艺术爱好者、纸艺非遗传承人交流,分享彼此的观点和感受。

参加纸艺动画课程、动画工作坊等学习活动,学习各类表现、创作技巧和方法。通过实际操作,更好地理解和掌握纸艺动画创作的过程和技能,培养自己的审美能力和创造力。

可以通过微信公众号、知乎、豆瓣等平台搜索和关注名家、专家、学者的作品和观点,了解当前纸艺动画的前沿趋势和热点问题,也可以参与相关的讨论和互动,拓宽自己的视野和认知。

只有不断学习和探索,才能够更好地欣赏和理解纸艺动画的魅力。

奉贤特色纸艺动画融合课程主要引导学生了解传统纸艺源远流长的历史,了解纸艺产生的背景、地区的特征,知道中国经典纸艺动画作品,学会利用传统的工艺与现代的数字媒体技术,学习创作纸艺作品与微电影作品,体会传统工艺"守正创新"的内涵与意义。

(一)课程内容要求

1. 了解传统纸艺的主要创作方法,认识到每一种传统工艺都值得我们保护与传承。

2. 运用剪、刻、折、叠、编、卷曲、捏塑等方法制作纸艺作品。

(二)课程学业要求

1. 能用传统的方法制作纸艺作品。

2. 知道中国传统工艺代代相传的优良传统,并知道纸艺在传承古老技艺的同时也在积极创新。

3. 能用动画的表达方式与同学分享关于保护传统纸艺的看法与建议。

4. 收集奉贤地区非物质文化遗产方面的资料,了解其基本概念和情况,感悟继承与发展文化遗产是我们应尽的责任。

(三)课程的架构

参《奉贤特色纸艺动画融合课程总体框架》。

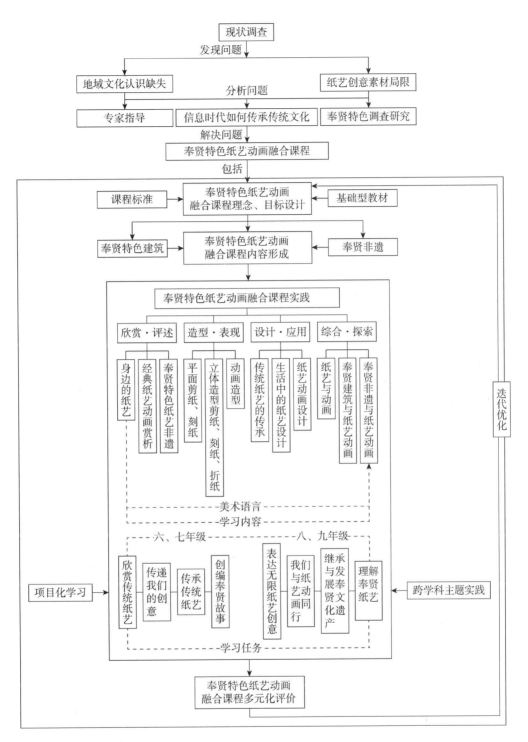

奉贤特色纸艺动画融合课程总体框架

三、奉贤特色纸艺动画课程学习重难点

美术的本质是人类精神领域在美术方面的创造。它既是创造主体的气质、学识、修养、情感、审美、表现技能等方面的综合体现，也是特定社会、历史、文化的结晶。所以，有影响的美术家及其作品之所以被社会、民族、人类、历史所承认，是因为他们所体现的创造性价值已超越了同时代文化精神水平而成为新的标志①。基于美术的本质，设置奉贤特色纸艺动画课程的课程重难点：

难点：以纸艺为核心、以动画为媒介，讲述奉贤文化的特色课程开发。

重点：打破原有的纸艺课程教学模式，对传统纸艺课程进行改革；克服传统纸艺教学的阻力，创新纸艺动画教学方式，促进项目化学习；开展多元评价，如过程评价、跨学科解决问题能力评价、表现性评价等。

四、奉贤特色纸艺动画课程的评价架构

新课标中的评价涉及学习态度、过程表现、学业成就等多方面，贯穿艺术学习的全过程和艺术教学的各个环节。②

（一）学生层面

课程实施的评价指向学生在完成课程阶段性学习之后的学业成就表现，是否反映核心素养的提升。评价标准是以核心素养为主要维度，结合纸艺动画的课程内容，在课程的实践中通过展示对本融合课程的兴趣、掌握的传统与现代结合的技能技法，对学生学业成就具体表现特征的整体刻画，从侧面呈现本课程的可行性。

1. 能运用感悟、讨论、比较等方法分析、描述纸艺动画作品的主要内容和特点。（审美感知、文化理解）

2. 能采用不同的手段（如写实、夸张、变形等），创作至少3件富有创意的平面、立体或动态的奉贤特色纸艺作品。（艺术表现）

3. 能为家乡的不同特色文化设计2—3件作品（如建筑、传统节目、节庆活动等）。（艺术表现、创意实践）

4. 能口头或书面表述对"守正创新"的内涵与意义的感受和理解。（文化理解）

5. 能运用跨学科的方法，多角度、辩证地分析问题，具有一定的综合探索和学习迁移的能力。（文化理解）

① 王大根.学校美术教育目的论[M].长沙:湖南美术出版社,2014.
② 中华人民共和国教育部.义务教育艺术课程标准(2022年版)[S].北京:人民教育出版社,2022:114.

（二）教师层面

课程开发的评价是一个判断活动，教师可以在实施过程中通过系统地收集、分析、整理学生对本课程的反馈资料，对本课程的开发进行检视修正，促使纸艺动画课程趋于完善。

课程的使用评价指向教师对于课程计划的实际效应。课程实施前后做问卷调查，了解本课程实施后实际产生的课堂结果，教师授课后的实际课堂感悟是否得以提升，学生接受课程实践前后实际表现之间差距的评价。

综上所述，奉贤特色纸艺动画融合课程的框架是在新课标指引下重新建构的，其课程理念、课程内容、重难点设置和课程评价都是基于培养学生核心素养设计的，按照学生的认知规律着手实施与评价，符合当代艺术课程教学的规律性。

第三章

奉贤特色纸艺动画融合课程的目标与内容

奉贤特色纸艺动画融合课程坚持中华民族风格,明确了培养能够自主学习的未来人的课程目标,通过纸艺技法、动画表现形式讲述奉贤故事的课程,设计各环节,组织培养能传承与创新、能主动解决问题、能知识迁移的人,为日新月异的信息化时代培养有创造力的创新人才,优化学校融合课程育人蓝图。

第一节　奉贤特色纸艺动画融合课程的目标

一、课程目标

奉贤特色纸艺动画融合课程围绕核心素养,体现艺术课程性质,反映课程理念,确立课程目标。本课程培养的核心素养主要包括审美感知、艺术表现、创意实践、文化理解等。

(一)课程总目标

1. 感知、发现、体验和欣赏纸艺动画作品的艺术美、自然美、生活美、社会美,提升审美感知能力。

2. 丰富想象力,运用媒介、技术和独特的艺术语言进行表达与交流,运用形象思维创作情景生动、意蕴健康的纸艺动画作品,提高艺术表现能力。

3. 发展创新思维,积极参与纸艺动画的创作、展演、制作等艺术实践活动,学会发现并解决问题,提升创意实践能力。

4. 感受和理解奉贤地区的文化底蕴,传承和弘扬地域优秀传统文化,坚定文化自信,铸牢中华民族共同体意识。

5. 了解本地区、民族的历史与文化传统,理解文化与构建人类命运共同体的关系,学会尊重、理解和包容。

(二)分类目标

在本课程的学习中,学生应学会观察自然、了解社会、感悟人生,探究、体验、领会纸艺的魅力,积极、主动参与纸艺活动,用有组织、有意义的艺术语言表达思想,用视觉媒介和技术创造形象,运用现代媒介和数字媒体技术再现与表现奉贤特色,在艺术的世界中求真、崇善、尚美。

依据课程分段分类目标,形成两个学段。

第一学段(6、7年级):

1. 能运用传统和现代的工具、材料和媒介,以及习得的美术知识、技能和思维方式,创作纸艺平面、立体与动态等表现形式的作品,提升创意表达能力。

2. 能利用不同的工具和材料,制作或创作纸艺作品,体会传统工艺"守正创新"的内涵与意义。

3. 能创编纸艺微电影,探究各种问题,将不同学科的知识融为一体,增强综合探索与学习迁移的能力。

第二学段(8、9年级):

1. 了解纸艺产生的背景及不同时代、地区的美术特征,知道中国古代经典纸艺作品以及近现代经典纸艺动画作品,增强对伟大祖国、中华民族的情感,坚定文化自信,形成开放包容的心态和人类命运共同体意识。

2. 能创作平面、立体或动态等表现形式的纸艺作品,创造性地表达对自然与社会的感受、思考和认识,发展创造性思维能力。

3. 了解"设计满足实用功能与审美价值,传递社会责任"的设计原则,能为家乡建设设计纸艺作品,形成设计意识,增强社会责任感。

4. 了解非物质文化遗产的含义,制作具有传统风格的纸艺作品并摄制成动画作品,认识到继承与发展是我们的责任。

5. 理解纸艺对社会进步及构建人类命运共同体具有独特的作用,进一步提升综合探索与学习迁移的能力。

二、开发目标

本课程的开发目标:围绕核心素养,体现创新理念,反映奉贤特色。力求通过以纸艺为核心,融合美术、音乐、语文、历史、地理、信息技术等学科开展项目化学习,以动画为媒介表现奉贤文化特色,从而解决传统纸艺课堂教学枯燥、与社会现实脱节、单科教学无法有力地传承等问题,进一步落实新课标理念,培养学科核心素养。

第二节　奉贤特色纸艺动画融合课程的内容

一、奉贤特色纸艺动画融合课程的内容开发基础

随着时代的变迁与社会的发展,传统民间纸艺已经无法与现代生活有效结合。在这样的大环境下,许多新颖的艺术形式与门类被带入课堂,使得学生的美术表现形式

变得更丰富多样,拓展了审美视野,促进了创新意识发展。将新媒体艺术、动画融入传统纸艺教学,将地域资源融入剪纸动画教学,不仅丰富了教学内容、增加了剪纸教学手段,而且提高了课堂的授课效率、丰富了剪纸的表现形式。

(一) 新课标基础下的内容开发

基于新课标,在项目化学习理论的指导下,打破原有传统纸艺教学模式,构建具有奉贤特色的纸艺动画融合课程,包括课程的理念、目标、内容、实施、评价等方面。

促进融合课程的开发。要挖掘奉贤本土地域文化资源和奉贤特色建筑资源优势,立足本土地域资源,以传统民间剪纸艺术与动画教学的整合为切入点,构建适合当代学生的剪纸动画融合课程。学习环境是重要的教育资源。通过跨学科融合课程的开发,学校各学科共同挖掘地域特色资源,从语文、地理、物理、历史、科学、音乐等多学科维度出发进行研究教学,协同艺术学科,利用剪纸动画进行艺术创作和表现。

通过实践研究,检验并完善上述纸艺动画课程的先进性与可行性,最终形成行之有效、可迁移、可推广的融合课程、教学策略、操作经验和课程资源。

(二) 融合区域特色的课程内容开发

丰富的奉贤特色展示了奉贤地区独特的人文历史。地域文化是一个地域"精""气""神"的体现,是一个地方的"魂"。它有一种十分独特的气魄、十分顽强的生命力以及无法阻隔的传承性。

上海奉贤的青溪老街曾经舟楫往来如织,百货聚焉,冠东乡诸镇。老街成型于元代,发展于明代,鼎盛于清代,繁荣于民国时期。岁月沧桑,20 世纪中叶以后,因海岸外移,盐场废业,这里渐趋冷落,只剩一条僻静的老街。老街傍河依水、小街盘曲的格局至今遗韵犹存,保存着较好的历史建筑与内部颇具特色的传统院落,具有一定的历史文化研究价值。2004 年,老街所处的青溪古镇被列为上海市历史风貌保护区域。

1. 奉贤风格各异的桥文化

青溪古镇现保存有南虹桥、永寿桥等多座古石桥。

南虹桥,又名环龙桥,位于青村港镇中街,建于清康熙三十一年(1692 年)。拱形花岗石、青石材质,青石基环孔桥基,建筑风格尤为罕见,是奉贤区为数较少的明清拱桥之一,具有较高的历史文化价值。

永寿桥,位于青村镇南街,建于清乾隆年间。花岗石材质,三跨双拼立壁墩平桥,永寿桥与南虹桥合为一景,为典型的江南集镇双桥模式,具有很高的历史文化价值。

中和桥,位于青村港东市,建于清乾隆十四年(1749 年),驳岸式奎石基单跨平桥,花岗石材质。

三祝院桥,又名三官堂桥、起凤桥,位于青村港镇中市,建于明永乐年间。三跨五拼立壁墩平梁桥,花岗石材质,为青村镇南来北往交通要道。

南虹桥

永寿桥

中和桥

三祝院桥

2. 精致的明清建筑

走在青溪老街,一幢幢明清建筑、一户户庭院宅第、一条条古街幽弄不断映入眼帘。有诗形容"明清老街,江南水乡。古韵延绵,烟火人家。前墙后院,观音兜脊。白墙黛瓦,画里人居。"修复后的青溪老街因为还少有游客,倒是有着一些江浙古镇所没有的娴静和安宁。

钱孟生宅,在青村港镇中街,建材选料讲究,棣花式椽架,梁枋雕花,重檐回廊,花式栏杆、花式楼梯造型考究,花纹雕刻精细。是奉贤区优秀历史建筑。

张炳官宅,在青村港镇东街,呈"过山弄"建筑风格。院落格局明晰,梁枋雕花,工艺精细。小青瓦屋面,硬山顶,山墙设观音兜。

杨高镜宅,在中街,钱孟生宅西邻。硬山顶小青瓦屋面,山墙设大型观音兜。宅楼,砖木结构,尚保留原始檐门头一座。

钱孟生宅

张炳官宅

杨高镜宅

旌义坊,在吴房村 3 组,清道光十八年(1838 年)建。横梁雕刻兽马松柏饰,于 2001 年整体移建于海湾旅游区。

"乐善好施"牌坊,又称"阮氏牌坊",位于三官堂北街,清光绪十三年(1887 年)建。于 2011 年 3 月由原址向东北方向移动 1 米左右,移位拆建。

旌义坊　　　　　　　　　"乐善好施"牌坊

3. 丰富的民俗文化

青村有着悠久的历史,在人们的日常生活中衍生了丰富的民俗文化。民俗文化同样丰富着青溪老街的建筑、桥梁、民间艺术等。

"打莲湘",又称"莲花会"。青村地区自元朝起,民间已有"打莲湘",距今已有 700 余年历史。晚清时期,出现两个群体:一是因生活贫困,以"打莲湘"组成乞讨群体。以恭维、祝福的词语编歌词,边唱边舞乞讨,维持生计。二是本地"莲花会",相当于现在的文艺团体。表演者统一服饰,所持的莲花棒涂刷油漆,两端按上彩色鞭穗,由二

打莲湘

胡、笛子伴奏。舞动莲花棒,击拍 72 个动作击中 72 个穴位。曲调以江南丝竹及奉贤山歌为主,青村地区常见杨柳青调,晚清、民国时期一般以花鸟虫名或戏名为内容,现在则以歌颂新农村、新风尚为主。

剪纸

剪纸。在青村地区广为流传,历史久远。以光纸为主要材料,剪刻成剪纸艺品。其种类繁多,一般以花鸟人物为主,以营造喜庆、吉祥、富贵等气氛。婆媳嫁囡时,以八吉、双喜、双钱、龙凤、观音送子等内容居多;祝寿时,以"仙童献寿桃""松鹤延年""老寿星""福禄寿"等为主;节庆时,大致

有"刘海耍金蟾""和合两仙""武松打虎""岳飞枪挑小梁王"等。剪纸也用于服饰、鞋帽、枕头、裙衫、头巾、肚兜、窗花等。中华人民共和国成立后,当时时兴"双蝶""鸳鸯",表达了群众对婚姻自由的向往;"文革"时期,以"红太阳""忠字图"为主

题;改革开放之初,有"八仙过海""山花烂漫""黑白两猫"等显示改革开放形势;21世纪初,则是集中反映新农村、新面貌、新风尚。如今青村全镇各村、各学校都建有剪纸工艺室,艺品的内容更为广泛。

钩针编织

钩针编织。在青村民间又称作"做花编"。与棒针编织、钢针刺绣以及机械织造相似,但钩针编织花样自由,仅凭钩针、丝线即可钩出平面、叠面、立体的工艺品。20世纪后,钩针编织在国外上层社会也广泛流行,但中国的钩针编织却始终在民间传承。钩针编织的历史在青村远远早于棒针编织,早在清代就普遍成为妇女的"针线活"。民国期间,青村街市地摊已出现专卖"花编"的民间手工艺人。中华人民共和国成立后,尽管棒针编织风靡,但"钩编"技艺传承从未中断,且艺品与时俱进、不断翻新。青村的钩针编织无一定的师徒传授方式,多见于人际相互展示、相互评判,无书籍,无教学场所,一切都在民间悄悄地传承。

民间舞蹈"卖盐茶"。起源于上海南郊沿海地区,历史悠久。明清时期,青村港、褚家聚、钱家桥滩涂产盐区,因朝廷设盐运司署,严格控制食盐,严禁在产盐区内买卖。但因生活所迫,仍有盐民暗中挑卖私卖。为避盐捕,他们学浙江姑娘挑卖"茶叶",篮上面装茶叶,下面藏海盐,明卖茶叶,暗卖私盐。久而久之,遂演变成"卖盐茶"的民间舞蹈。

民间舞蹈"卖盐茶"

将此类有奉贤特色的地域文化融入艺术课程,以纸艺动画的形式表现,给予学生一个深入了解、感知奉贤文化的契机,拓展纸艺课程的涉及范围,就是奉贤特色纸艺动画融合课程内容开发的丰厚的基础。

如何设计能自然呈现奉贤地域文化的课程,让学生可以通过本次学习了解奉贤的古建筑?"青溪老街历史建筑调研"的单元教学,旨在促使学生明晰:古建筑是一种文化、一种遗留、一种传承;古建筑是当代文明的一种财富,既有形又无形,通过古建筑,可以探寻青溪地区古人的文明和经济的发展程度。

● 教学案例:"青溪老街历史建筑调研"单元教学设计(逆向教学设计)

阶段1——预期结果	
参照目标: 能综合运用所学美术与其他学科的知识、技能和思维方式,从书本、网络及生活体验中获取信息。 了解非物质文化遗产的含义,制作传统工艺品或文创作品,认识继承与发展文化遗产是我们的责任。 来源:《义务教育艺术课程标准(2022年版)》	
学生将理解…… 1. 借鉴奉贤青溪地域的优秀传统文化特色,表达对继承与发展文化遗产的认识。 2. 多角度探究美术在过去、现在和未来对于推动政治、文化、经济、科技发展方面的作用。	**基本问题:** 1. 为什么青溪老街地区拥有丰富的文化建筑和遗产? 2. 奉贤的文化遗产分别有哪些?表现了奉贤曾经在政治、文化、经济、地理与科技发展方面的哪些优势?
学生将知道…… 1. 奉贤古桥建筑的形式和风格,"桥乡"名称的来源。 2. 奉贤地理位置特殊,具有多水、多桥的优势,奉贤青溪地区的建筑、文化遗产。 3. 了解青溪老街中具有明清特色住宅的建筑风格及历史、人物。 4. 奉贤青溪地区的民俗文化。	**学生将能够……** 1. 通过各种渠道查询奉贤古桥的建筑形式和风格,收集材料并进行阐述。 2. 通过调研,知道奉贤古桥的某一构件的特色,并根据奉贤古桥特色尝试设计、再现古桥。 3. 调研青溪老街部分明清保护建筑的建筑风格、相关人物的历史以及人文对当代的影响。 4. 了解奉贤地区更多隐藏在劳动人民中的各类民俗文化内容和形式。
阶段2——评估证据	
表现性任务: 1. 利用各种艺术形式制作关于奉贤青溪地区古桥的小报,包括古桥的历史、特征和图片。 2. 制作一个介绍奉贤古桥或者明清古建筑的小视频。 3. 收集一段民俗文化的影像内容,并口头介绍。	**其他证据:** 1. 口头或者书面回答任意一个基本问题。 2. 用任何学科的知识解释奉贤青溪地区一个优秀文化遗产所传达的经验或原理。 3. 探究青溪地区的文化遗产对当代或者未来社会、人文、经济或者科技发展的影响。
阶段3——学习计划	
学习活动: 1. 检测学生对于身边优秀文化遗产的原有认知,然后根据调研结果制订本单元的学习目标。 2. 调整关于"家乡的桥"课程的学习活动,如"走一走、问一问古桥的年龄和故事""查一查、试一试古桥的构件与组成"。 3. 为新建的仿古桥设计桥心石。 4. 制作关于奉贤明清古建筑特色的电子学习档案袋,探寻典型建筑,用各种形式表述了解到的青溪地区建筑的文化以及相关名人对奉贤文化的影响。 5. 了解更多奉贤地区的民俗文化以及表现形式。	

二、奉贤纸艺传承的传统内容

奉贤乡土纸艺可追溯到清代,流传至今已有两百多年历史。奉贤流传着纸艺"三绝":一绝为"刻",二绝为"剪",三绝为"折"。刻纸、剪纸、折纸三项纸艺内容是奉贤民间艺人施展的手工工艺。随着历史的推进,刻纸、剪纸、折纸艺术也随之不断地升华,成为当今人们生活中,尤其是喜庆、丧葬、装饰时不可或缺的必备用品之一。

(一)纸艺文化深厚,丰富学生传承经历

1. 奉城刻纸

奉城刻纸源远流长、历史悠久,可以追溯到清雍正四年(1726年),是从民间盛行的窗棂装饰等剪纸花演变而来的。民间艺人以"刻"代"剪",令作品的刀法精妙入微,挺拔有力,线条更明快丰富,构图隽秀优美,细腻逼真。奉城刻纸是历代相传的民间传统艺术,有着独特的艺术魅力,曾为江南一绝。

奉城刻纸　　　　　　　　　　　　　　　青村剪纸

2. 青村剪纸

青村剪纸是奉贤人民古老的传统民间艺术,以家庭传授和拜师学艺得以传承,形象生动,寓意深刻,具有浓郁的地方特色和文化内涵。相传,青村镇的前身——陶宅,是苏松东南沿海的重要经济、文化巨镇。清光绪三年(1877年)《奉贤县志》称"北宅千灶、珠履三千""钟鸣会食、击鼓传更""园锁烟云、湖集歌舞""举渔火认清市尘",集镇规模之大、繁荣昌盛之势可见一斑。文人墨客汇集,奇才名流辈出,为青村镇造就了深厚的文化底蕴,这为民间剪纸艺术的发源提供了扎实的基础。自元代起,剪纸与书画、雕塑、民歌、传说等文化艺术一起,经世代相传,存于青村民间。

3. 南桥折纸

折纸是我国传统的民间手工艺,千百年来以其独特的艺术魅力广泛流传于全国各地。南桥折纸亦可以追溯到清代,但只是流落于民间,星星点点,目前仅剩少数高手会此技艺。

(二) 奉贤纸艺表现形式丰富,各具特色

1. 奉城刻纸

奉城刻纸曾经是江南一绝,具有艺术魅力。其刀法精妙入微,线条明快,构图隽秀优美。在 20 世纪 50 年代前,以"香火"为生的艺人都擅长刻纸,内容大都取材于历代典故、古典名著、民间传说等,如"八仙过海""水浒人物""西游记人物"等。50 年代后,刻纸的题材得到了拓宽,融入了许多现代元素。

奉城刻纸　　　　　　　　　　　　　青村剪纸

2. 青村剪纸

青村剪纸艺术是奉贤传统手工艺品之一,以用剪刀剪出纸花等造型为主。采用有色有光的纸材,常见的剪纸图案有"双喜""八吉""双蝶""双钱""龙凤""和合二仙""松鹤延年""武松打虎""岳飞枪挑小梁王"等。花鸟人物形态逼真,造型美观。剪纸作品可以使用白纸或异色彩纸作衬托,以凸显民族文化特色。

3. 南桥折纸

奉贤南桥折纸是折叠纸张的艺术。折纸可以根据不同的创意设计,将纸张折出各种形状和花样;通过不同的折叠技巧,可以创造和呈现出复杂精细的设计。目前的奉贤折纸所用纸材以正方形为主。艺人们运用纸的不同性能与质地,采用"折""叠""卷""翻""插"等方法,辅之以剪接、拼画等技巧,表现出各种物体栩

南桥折纸

栩如生的空间艺术。其中,数量最多也最为动人的部分是动物,如十二生肖、飞禽走兽、各类昆虫等,大的作品尺寸可达七八十厘米,小的才几厘米。从奉贤地方民俗的角度观察这些折纸造型,所有动物昆虫的折纸形象都极富生活情趣并富于淳朴自然的概括力。

(三) 守正传统艺术,探究奉贤纸艺发展

重视纸艺文化资源挖掘与流量转化,将纸艺内容与平台机遇结合,借助新一轮数字化转型的时机和潮流,将非遗纸艺打造成具有民间烟火气的、与当代学生喜爱的动画艺术结合的优秀民族文化。引导学生身临其境地欣赏、感受、理解、体验,在与生活环境、学习环境的"对话"中升华对传统纸艺价值的认识。

三、融合信息技术呈现纸艺动画

纸艺动画的结合承载了纸艺的传承与动画的运用,可以更好地继承纸艺的质朴自然风格和动画可视、可听、可演的特色。造型设计以及动作编辑既有技巧性又坦诚直白,体现巧妙、自然的动画形象,所表现的内容还贴近学生的日常生活,更容易使他们产生共鸣。因此,本课程在新课标的统领下重构美术教材中纸艺与动画相关的内容,以培养学生自主学习纸艺动画和解决关键问题的能力为准则。以项目化学习设计为导向,通过跨学科与跨艺术门类的课程研究,探索促进奉贤地方资源与艺术课程融合的教学方式;基于学段特点,开发符合学生心理和生理特点的纸艺课程,确保落实课程教学目标。

本课程鼓励学生通过走进青溪老街、走进非遗传承人等项目活动,通过实地考察、问卷调查、网络搜索等方式收集素材,开展自主学习和合作学习;引导学生分析家乡的建筑、文化、非遗与其他地区传统工艺的特征与内涵,发现工艺发展与传承中的问题,提出解决方案;指导学生创造性地学做传统工艺品及文创产品,以线下或线上的方式展示自己创作的纸艺作品与纸艺动画作品;启发学生结合新媒体技术,通过纸艺动画的形式展示奉贤文化、讲述奉贤故事;注重引导学生理解"继承与创新是传统工艺创作的重要原则"。

四、融合传统与创新讲述奉贤故事

(一) 借鉴经典范例

笔者调研了中国的纸艺动画发展,了解中国早期纸艺动画。其中中国第一部剪纸动画片《猪八戒吃西瓜》的制作人以万古蟾为首,他们进行实地考察,研究剪纸并将这

门艺术用于动画创作。教师可带领学生探究，在这部动画片中，人物形象设计多为侧面，在全身做了很多关节，类似皮影戏中的关节联合；剪纸动画片《火童》获得首届日本广岛国际动画电影节 C 组一等奖、第五届中国电影"金鸡奖"最佳影片奖，剪纸动画短片《草人》获得全国少数民族题材电影"腾龙奖"美术片二等奖、第二届日本广岛国际动画电影节 C 组一等奖的原因。

然而"人的感觉、感觉的人性，都只是由于它的对象的存在，由于人化的自然，才产生出来的。五官感觉的形成是以往全部世界历史的产物"[1]。人的美感正是由于艺术创造的不断发展而发展起来的。将上海影像文化与中学美术教育相结合，以带有鲜明创新特征的方法来解决中学美术课程与教学中存在的问题，使中学生真正获得视觉素养。[2]

当中国纸艺动画步入鼎盛时期，都是以中国的民族特色之美为着重点，故事情节都是从中国传统故事而来的，有着深刻的寓意和强烈的教育意义。所以奉贤特色纸艺动画也应该以纸艺的民族特色之美为重点，讲述奉贤流传已久的贤美故事。"纸艺动画对民族动画的沉思是审美的最高境界。"动画的艺术风格差异是题材性与材料性的差异，奉贤特色的纸艺动画艺术源于奉贤人民的生活，能够作用于当代奉贤人的精神方面，具有审美属性。

中国纸艺动画曾取得巨大的成就，成为一代人的骄傲，与中国的地域特色息息相关，也给予我们的纸艺课堂很大的启示。如今的奉贤特色纸艺动画课程，内容来源于奉贤文化、技法来源于奉贤乡土纸艺，现在纸艺动画也不局限于平面动画，而是逐渐走向了立体。借助当代新媒体技术的普及，纸艺动画的创作方法和途径更有参考性、有创意。

（二）讲述地方故事

纸艺动画作为一种新的民族艺术形式，既不是一种主观的设计，也不是一种简单的历史继承，而是一种多元语境下的新文化关系的产物，是一种与文学、戏剧、绘画、电影、音乐等内容相关的综合性艺术。一个地方应该有自己的动画——奉贤的故事、奉贤的情感、奉贤的气质，更能够与观众产生共鸣并得到认同。

纸艺动画中主要的纸偶关节的制作方式要求人物设计具有一定的韵味感、造型更加的概括和夸张，场景大多具有装饰性意味，再融合奉贤地区传统音乐，更具地方民族意味。奉贤的乡土纸艺、民俗文化包含着人们生活中的情感、信仰、娱乐等精神方面的内容，也满足了艺术形式的构成要素，具有独特的艺术风格、审美特征。奉贤的纸艺作

---

① 　中共中央马克思恩格斯列宁斯大林著作编译局译，马克思恩格斯全集(第四十二卷).北京：人民出版社，1995.

② 　钱初熹.基于项目学习的美术教育［M］.上海：上海教育出版社，2021：10－12.

品有着浓厚的生活气息并塑造出生动的造型、色彩单纯饱满,扑面而来的是朴素的乡土特色。

(三) 促进学科融合

通过探究、合作、创编、制作、改进、合成、后期等环节,有目的地推进"讲述奉贤故事"这一项目,践行校园各学科之间有目的的学科知识融合。纸艺动画融合课程的重要性主要表现在师生间的互动以及师生与文本开展对话,运用多学科的话语解读教学的多方面意义,这将为今后的纸艺课堂提供有效的实施路径与方法的参考。

奉贤故事、奉贤形象由一个个古老优美的地方故事、地方形象构成。挖掘奉贤故事、展示奉贤形象,对传承奉贤文化、树立奉贤精神具有非常重要的推动作用。"寓教于乐",将奉贤地区的故事用纸艺动画的形式,表现多元化的形式美,通过学生自创、制作的影像来传播,既达到艺术的交融又达成学科育人的目标。

奉贤特色纸艺动画融合课程的内容充分挖掘了地方文化资源的优势,满足了学生的学习需求,进一步丰富了国家课程中纸艺与动画课程的融合教学,课程内容可以激发学生的创新意识和保护传承传统文化的热情。

第四章

奉贤特色纸艺动画融合课程实施的途径与方法

如何让中华优秀传统文化在艺术课堂中生根发芽？新课标中对中小学课程教材如何有效落实中华优秀传统文化教育进行了顶层设计。我们在落实国家基础型教材的同时,融入奉贤乡土纸艺的工艺,利用奉贤地方和社会文化资源,发掘其蕴含的中华文化精神和核心价值观,引导学生理解"中华优秀传统文化需要创造性转化、创新性发展"。

第一节　奉贤特色纸艺动画融合课程实施的途径

一、任务驱动

新课标中关于"继承与发展文化遗产"的重点是:采用调查地方工艺、参观历史和民俗博物馆、考察历史遗址和遗迹、邀请民间艺人进课堂、组织课堂讨论或辩论会的教学方式,引导学生认识非物质文化遗产的意义与作用;指导学生提炼非物质文化遗产的元素,并将其融入文创产品的设计与制作。①

奉贤特色纸艺动画融合课程以主题任务架构整体课程,基于新课标中指出的"继承与发展文化遗产"的重点,在学习任务的指导下,打破原有传统纸艺教学模式,构建具有奉贤特色的纸艺动画课程,包括课程的理念、目标、内容、实施、评价等,确立课程项目大任务:以奉贤乡土纸艺为技法,以动画为媒介,讲述一个奉贤故事。以任务驱动的方式,实施奉贤特色纸艺动画融合课程。

在教学案例《贤城桥韵》单元的设计中,我们以奉贤著名的古桥"南塘第一桥"引入,让学生从奉贤的古桥了解到奉贤古文明"先德重勤"。同时给出本单元任务:了解石拱桥,尝试用纸艺的方法,结合信息技术为青溪老街的镜湖设计一座石拱桥。单元案例中主要的任务描述如下:

● **教学案例:贤城桥韵**

教师展示学习任务:

了解石拱桥的基本知识;知道浮雕的基本概念及纹样寓意;学会用"雕"和"塑"两种基本方法塑造浮雕形象;运用修图软件后期处理作品照片。

学生收集相关资料:

运用剪切、卷折、组合等浮雕技法表现出纸立体石拱桥;知道纹样的寓意并能运用于实际。

教学内容设计:

上海奉贤河流众多,现存古桥129座。奉贤很多地名带有桥字,被称为"桥乡"。

---

① 中华人民共和国教育部.义务教育艺术课程标准(2022年版)[S].北京:人民教育出版社,2022:72.

奉贤的桥是奉贤地区的一大特色建筑,存世三百年之久的"南塘第一桥",有诗描述:"先德重勤问俗轺,漫随竹马入风徭。南塘春色浓于酒,佳句争传第一桥。"所以在教学中,我们突出传授了家乡的桥文化。

教学 PPT 举例

由于纸的可塑性很强,便于寻找,因此我们把纸雕塑作为再现奉贤古桥的美术表现形式。将纸立体与地域特色相结合,在制作纸建筑的同时了解奉贤各地区的桥所在位置、文化、历史和故乡的风土。比如,纸立体——桥心石的制作,学生探讨桥所在的地理位置、风土人情、文化内涵,尝试用纸浮雕的形式设计,再现已被损毁的部分桥心石,更利用现代信息手段"嫁接"到古桥上,再现的桥心石与古桥融为一体,体验到了成就感。

二、项目引领

发挥问题对学习过程的指导作用。基于真实的场景,掌握使用真实素材进行探究学习的基本能力,加上已有知识的创新引导,使学生在已有技法的基础上,主动思考,激发其元认知能力,采用"情景导入—自主探索—引导探索—反馈评价"的教学方法,能够让学生真正地获得创作思维。

身处"贤文化"发源地,我校结合"寻根·放眼"特色综合实践活动,以培养学生综合素质为目的,将社会实践活动与奉贤特色纸艺动画融合课程紧密结合,组织学生走出课堂、走出校园,到生活、社会、自然中去寻根"贤文化"、放眼全世界。通过构建项目化的纸艺动画融合课程,逐渐完善课程方案,使其具有推广性。

在"贤文化"单元学习行动计划实践中,通过研究检验并完善上述纸艺动画融合课程的先进性与可行性,最终形成行之有效、可迁移、可推广的融合课程、教学策略方法、操作实施路径和课程资源。

单元学习项目任务:寻找奉贤文化之根,为奉贤设计一个文化地标 logo。通过项目活动,让学生知道奉贤的"贤文化"故事与当代发展规划蓝图,体会奉贤的时代精神。

● 教学案例:"贤文化"单元学习计划

<table>
<tr><td colspan="2" align="center">阶段1——预期结果</td></tr>
<tr><td colspan="2">参照目标:
策划为当代奉贤制作一个有奉贤文化地标的纸艺logo作品的方案,进行校内外展示与交流。</td></tr>
<tr><td>学生将理解……
1. 奉贤传统"贤文化"故事。
2. 奉贤现代城市建设的发展精神及规划。
3. 奉贤"上海之鱼"文化活动圈的地形及设计理念。</td><td>基本问题:
1. 奉贤名称的来源是什么?为什么我们要推崇"贤文化"?
2. 当代奉贤城市建设与传统的"贤文化"有什么关系?
3. 当代的文化类场馆建设是否传承了奉贤传统的"贤文化"精神?</td></tr>
<tr><td>学生将知道……
1. "贤文化"所代表的含义。
2. 奉贤人民推崇的"贤文化"一直以来对奉贤的政治、文化、经济、科技发展起到的促进作用。
3. 当代学生传承"贤文化"的必要性。</td><td>学生将能够……
1. 通过学习探究,拓宽对"贤文化"的理解。
2. 使用纸艺技法表现奉贤当代文化场馆的艺术作品。
3. 口头或者纸艺呈现研究结果。</td></tr>
<tr><td colspan="2" align="center">阶段2——评估证据</td></tr>
<tr><td>表现任务:
举办一场纸艺logo作品展览,展品可以是剪纸、刻纸、折纸作品,描述奉贤当代发展的城市精神。</td><td>其他证据:
1. 选择一个基本问题在班级中论述。
2. 展示并介绍"贤文化"现代建筑纸艺作品。
3. 解释"贤文化"对于奉贤的政治、文化、经济、科技发展的作用。</td></tr>
<tr><td colspan="2" align="center">阶段3——学习计划</td></tr>
<tr><td colspan="2">学习活动:
1. 测试对于"贤文化"的认识,根据测试结果制订本单元的学习目标。
2. 调整"贤文化"纸艺单元的课堂活动。
3. 为当代奉贤制作一个有奉贤文化地标的纸艺logo。
4. 创作奉贤城市文化场馆纸艺作品集。</td></tr>
</table>

三、跨学科融合

艺术的学科建制历史虽寥寥数年,但它的跨学科性却早有端倪。从诗书画印相融合的中国绘画中,不难看出我国艺术门类与文学的密切关系远甚于西方。纸艺与文学、人类学所经历的依存、发展、独立、交叉的过程,代表着纸艺这一个艺术门类在中国艺术中地位的进一步强化,其寓意、谐音等与文学形成的纽带关系也得以被重新定义,是独立而不割裂的关系。与此同时,美学、文艺学的研究对象也与纸艺的多样表现多有重叠。因此,纸艺创作的边界本就不清晰。另外,纸艺悠久的发展历史构建植根于复杂的社会文化思潮,具备跨学科性是历史的必然。

(一)常规活动主题化统整

为学生提供大量课内外的自主实践平台与社会资源,使学生有机会通过各类活动,将所学的知识与实际生活建立联系。组织不同实践主题活动,跨学科开展学生探究性项目研究,引导学生针对生活中某些建筑、习俗、非遗项目展开纸艺表现研究;将日常开展的各类教育活动统整为纸艺动画融合课程,充分与各种教育契机整合,实现活动主题序列化。

(二)跨学科融合课程实施

跨学科(Interdisciplinarity)指的是通过"整合两个及更多学科或专业知识体系的信息、数据、技术、根据、视角、概念以及理论来促进基础理解或解决单一学科或领域难以解决的问题"[1],共同创造现有学科专业划分难以达到的新知识并加以应用。以此为基础,我们对跨学科教育形成如下认识:跨学科教学是指超越单一学科界限涉及两个或两个以上的学科知识创造以及传播活动;或将两个、两个以上不同学科或专业的知识、数据、技术、基础、视角、概念和理论进行整合,以促进基本认识或解决单一学科或领域难以解决的问题。

学生在充分了解、探究、调研奉贤文化特色和奉贤乡土纸艺技法之后,结合动画的新媒体制作技术,进行艺术创作。摆脱原有艺术课堂的教学范式,跨学科联动,聚焦学科继承和发展文化遗产的要求,广泛而有针对性地利用融合课堂展开教学,融合地方和社会文化资源,如有特色的自然和人文景观、乡土音乐、民间美术、民间舞蹈、地方戏剧(含戏曲)资源,历史、政治、经济、民俗等领域的事件,文化景观、文化遗产和遗迹、各类传统艺术等。挖掘奉贤地方故事,通过跨学科联合教研,围绕奉贤故事展开跨学

---

[1] Commite on Facilitating Interdisciplinary Research, National Academy of Sciences, National Academy of Enginering & Institute of Medicine, Facilitating Interdisciplinary Research[R]. Washington, D. C: The National Academies Press, 2004: 2, 185.

科课程实施。通过社会多渠道调研奉贤故事后,由历史学科教师牵头带领学生梳理故事发展框架。语文学科发挥优势,在故事框架基础上架构故事编剧的教学设计,进行创编《奉贤故事》的教学。最后艺术学科融合奉贤纸艺技法、动画场景创作和拍摄技法,结合信息技术,拍摄纸艺动画《讲述奉贤故事》。

新课标指出:结合其他学科的知识、技能和思维方式,开展"中国文创产品走向世界"等传播中华优秀传统文化的拓展活动。《义务教育语文课程标准(2022年版)》指出:多角度观察生活,发现生活的丰富多彩,能抓住事物的特征,为写作奠定基础。运用联想和想象,丰富表达的内容。我校语文学科孟丽丽老师结合历史学科文献,为剪纸动画的制作进行剧本编写教学,其中,同学们对九年级郑以琛同学撰写的《南方夫子》赞不绝口。

结合国家基础型课程的实施,落实市级教育科研课题"奉贤特色初中纸艺动画融合课程的开发与实施"。

基于国家课程七年级"在平面与立体之间"单元的雕塑教学任务,设计单元教学案例"融合数字美术的贤城桥韵",以布置奉贤青溪老街尚未完成的古桥复原设计作为这一跨学科任务,将纸艺的制作与信息技术融合,共同设计,再现一座古桥,体会奉贤"桥乡"的古韵。

● 教学案例:"融合数字美术的贤城桥韵"单元教学设计

单元来源	七年级上册"在平面与立体之间"单元	教材版本	少年儿童出版社
执教学校	奉贤区青溪中学	执教老师	卫勤、薛翌一

■ 单元教学规划

单元类型	立体构成	所属模块	造型·表现	所属主题	雕塑
研读 新课标	能运用传统或现代的工具、材料和媒介,以及习得的美术知识、技能和思维方式,创作平面、立体或动态等表现形式的美术作品,提升创意表达能力。 能利用不同的工具和材料,制作或创作工艺品,体会传统工艺"守正创新"的内涵与意义。 能结合校园现实生活,探究各种问题;能创编校园微电影,将不同学科的知识融为一体,增强综合探索与学习迁移的能力。 新课标6—7年级课程内容: 通过"造型·表现"艺术实践,学生掌握美术知识、技能和思维方式,围绕题材,提炼主题,采用平面、立体或动态等多种表现形式表达思想和情感。 学习任务:传递我们的创意 本学习任务主要引导学生运用传统和现代的工具、材料和媒介,以及所习得的美术知识、技能和思维方式,创作平面、立体或动态等表现形式的美术作品,提升创意表达能力。				

研读 新课标	【内容要求】 使用不同的工具、材料和媒介,采用写实、夸张、变形等手法,表现自己对生活的感受和认识。 【学业要求】 能使用传统和现代的工具、材料和媒介,采用写实、夸张、变形等手法,创作美术作品。 能提出各种构想并灵活变通,用各种表现形式和方法创作有创意的美术作品。 在创作中遇到问题时,能主动探寻解决方案,持之以恒地认真完成创作。 学习任务:传承传统工艺 本学习任务主要引导学生学会利用不同的工具和材料,学习制作或创作工艺品,体会传统工艺"守正创新"的内涵与意义。 【内容要求】 了解传统工艺的主要流程,认识到每一种传统工艺都值得我们保护与传承。 运用剪、刻、折、叠、编、卷曲、捏塑、磨制等方法制作工艺品,如剪纸、编织、刺绣、印染、陶艺等。 【学业要求】 知道中国传统工艺在传承古老技艺的同时也在积极创新。
研读 "教学基本要求"	学习内容与水平:

学习内容		学习水平
		六—七年级
2.1　雕塑造型	2.1.1　雕塑基础知识	A
	2.1.2　雕塑技法	B
2.2　构思表现	2.2.1　确定创作主题	B
	2.2.2　构思与选择材料	B
	2.2.3　创作表现	B

具体要求:

2.1.1　知道雕塑基础知识

① 知道圆雕、浮雕、透雕等表现形式。

② 了解具象、抽象、意象等艺术手法。

2.2.1　学会确定创作主题

① 根据创作需要,有意识地分析创作对象的造型、内涵、象征等,确定创作主题。

② 根据创作需要,将所表达的思想、观点或情感等信息进行提炼,确定创作主题。

2.2.2　学会构思与选择材料

能根据主题和创作对象构思作品。

2.2.3　学会创作表现

① 能归纳、总结物象的造型特征,并在作品中表现出来。

② 用变形、夸张、简化(概括)等方法,在造型中传递信息和情感。

③ 根据对比、均衡、重复、变化等形式原理,通过拼搭、剪切、组合,创作出具有形式美感的立体造型作品。

确立单元主旨	在创作纸立体石拱桥模型的任务驱动下,学生主动探究奉贤石拱桥上浮雕的基础知识和创作方法,运用浮雕语言表达创意和情感,培养对雕塑的审美能力、空间想象能力和立体表现能力,能根据主题构思并创作出作品,表达思想、观点和情感,弘扬大美奉贤的文化。
单元课时规划	3 课时。

■ 单元教材教法分析

<table>
<tr><td colspan="3" align="center">细化教学基本要求</td></tr>
<tr><td colspan="3">根据教学基本要求,将七年级美术在"造型·表现"模块主题中关于雕塑造型和构思表现的内容细化为:知道奉贤石拱桥上雕刻的纹样形式属于浮雕;学会运用剪切、卷折、组合等雕塑技法,根据主题构思并创作纸立体石拱桥作品,体现构思、寓意和情感表达;能运用修图软件后期处理作品照片。</td></tr>
<tr><td colspan="3" align="center">整合单元教学内容结构</td></tr>
<tr><td rowspan="6">知识与技能</td><td rowspan="3">学科知识</td><td>知道石拱桥的基本构造</td></tr>
<tr><td>知道浮雕的基本概念</td></tr>
<tr><td>知道石拱桥纹样夸张、简化的方法和寓意</td></tr>
<tr><td rowspan="3">学科技能</td><td>学会运用剪切、卷折、组合等雕塑技法</td></tr>
<tr><td>学会纸立体石拱桥的创作表现</td></tr>
<tr><td>学会运用修图软件后期处理作品照片</td></tr>
<tr><td>人文内涵</td><td colspan="2">弘扬奉贤"桥文化",传承工匠精神。</td></tr>
<tr><td>审美导向</td><td colspan="2">培养对美的感受力,体会自然美和艺术美的融合,激发想象力和审美情趣,潜移默化地增强热爱家乡的情感。</td></tr>
<tr><td colspan="3" align="center">预设教学方法</td></tr>
<tr><td colspan="3">教师主导:针对石拱桥的基本结构、纹样、纹样寓意、剪刻技法等进行讲授。
学生自主:针对石拱桥的美术表现形式、纹样的演变、纸雕塑作品的塑形方式,表达和交流自己的想法与感受。
师生互动:描述石拱桥的结构和纹样并进行讨论,感受石拱桥的人文内涵和韵律美。</td></tr>
<tr><td colspan="3" align="center">定位学科能力</td></tr>
<tr><td colspan="3">关键能力:
●运用剪切、卷折、组合等雕塑技法表现出纸立体石拱桥。
●知道纹样的寓意并能实际运用。
●运用修图软件后期处理作品照片。
其他能力:
●团队协作探究与制作。
●传承工匠精神,理解和尊重奉贤地域文化艺术遗产。</td></tr>
</table>

■ 单元教学目标设计

学情分析	
身心特点	七年级学生在学习活动中的目的性、自觉性和计划性要比六年级学生强很多,但使用平板电脑时仍会比较激动,教师要注意课堂调控。
能力基础与学习要求	能力基础: 学生在六年级第一学期已经对雕塑有了初步的了解,在六年级第二学期学过剪纸,知道一些基本的纹样和技法;平时也经常接触一些美术软件,但如果一段时间不接触就容易忘记;对奉贤地方文化有所忽视。
	学习要求: 通过了解石拱桥的构造及制作过程,在造型表现中较贴切地表达自己的情感和思想。

明确重点
知道浮雕的基本知识与技法。

明确难点
构思并合作完成纸立体石拱桥作品。

设计教学方法	
落实重点的方法	观察、分析、体验、交流。
解决难点的方法	观察、设计、制作、归纳。

单元教学目标
知识与技能:了解石拱桥的基本知识;知道浮雕的基本概念及纹样寓意;学会用"雕"和"塑"两种基本方法塑造浮雕形象;运用修图软件后期处理作品照片。 过程与方法:通过观察、分析、讨论石拱桥的结构,运用纸等媒材探索浮雕的不同表现手法;合作完成大型奉贤石拱桥模型作品。 情感态度与价值观:体验浮雕创作的乐趣;传承工匠精神;关注并尊重奉贤文化艺术遗产。

■ 单元活动设计

活动序号	活动阶段	活动目标	活动任务	关键问题
活动1	写生石拱桥	能从构图、外轮廓等方面,加深对石拱桥造型及结构的理解。	观察、描述石拱桥造型及结构,写生石拱桥。	● 石拱桥有哪些基本的结构? ● 石拱桥上的附属部分主要包括哪些? ● 石拱桥上的桥栏板由哪些部分组成?

活动序号	活动阶段	活动目标	活动任务	关键问题
活动2	创作纸浮雕桥心石作品	掌握桥心石基本纹样的演变过程和寓意,学会纸浮雕桥心石纹样的表现技法。	运用"剪""卷""折"等产生凹凸起伏的手法创作纸立体桥心石纸浮雕作品。	●桥心石上的纹样是如何演变而来的? ●对称、重复的纹样的表现技法是怎样的? ●桥心石上不同纹样的寓意分别是什么? ●使纸浮雕桥心石作品从平面到立体的方法是什么? ●设计纸浮雕桥心石作品有哪些关键步骤和注意点?
活动3	制作纸立体石拱桥模型	能根据前两节课对石拱桥构造及外形的了解,用纸立体的形式表现石拱桥。	以小组为单位合作设计并制作纸立体石拱桥模型。	●制作纸立体石拱桥有哪些基本的步骤? ●在制作时需要考虑哪些方面? ●在细节的处理上需注意些什么?

■ 单元评价设计

活动序号	活动名称	评价观测点	评价形式
活动1	写生石拱桥	学生用语言表达石拱桥写生作品中的构图、造型和呈现效果。	学生互评、即时点评。
活动2	创作纸浮雕桥心石作品	学生用语言表达纸浮雕桥心石作品的表现技法,纹样的设计理念和寓意。	学生互评、即时点评。
活动3	制作纸立体石拱桥模型	纸立体石拱桥模型的结构;学生所表达的设计理念、情感或意图,并阐述理由。	学生互评、即时点评。

■ 单元资源设计

资源类型	资源内容	资源使用
素材资源	赵州桥、奉贤石拱桥、桥心石等高清图片。	保障活动开展;便于学生观察。

资源类型	资源内容	资源使用
素材资源	相关视频、音频。	保障活动开展;丰富活动形式与内容;帮助学生理解。
技术资源	PPT、平板电脑。	PPT激发学生的学习兴趣;平板电脑帮助学生提高学习效率。

第一课时:《走近石拱桥》(简案)

教学目标	知识与技能:初步了解石拱桥的结构与造型,知道石拱桥的不同类型。 过程与方法:通过欣赏分析、探索交流、讨论评述等学习活动,用速写的形式记录下石拱桥的外形结构。 情感态度与价值观:感受石拱桥的形式美,激发对中国传统桥梁的兴趣。
教学重点	了解石拱桥的结构与造型。
教学难点	激发对中国传统桥梁的兴趣。
教学资源	多媒体课件、相关视频。

主要教学活动设计

■ 教学环节:情境导入

活动序号、活动名称	活动1:初识石拱桥
活动目标	识别石拱桥形态与特征。
活动任务	观看视频并回答问题。
关键问题	1. 中国现存最古老的拱桥是哪座? 2. 赵州桥为什么千年不倒?
活动资源	视频。

■ 教学环节:欣赏分析

活动序号、活动名称	活动2:走近石拱桥
活动目标	了解石拱桥的搭建方式和类型。
活动任务	观察讨论。
关键问题	1. 石拱桥有哪两种类型? 分别有什么特点? 2. 石拱桥是如何搭建起来的?
活动资源	石拱桥高清图、视频。

■ 教学环节:探索交流

活动序号、活动名称	活动3:石拱桥的基本结构
活动目标	了解石拱桥的基本结构。
活动任务	观察讨论。
关键问题	1. 石拱桥有哪些基本的结构? 2. 石拱桥上的附属部分主要包括哪些? 3. 石拱桥上的桥栏板由哪些部分组成?
活动资源	多媒体。

活动序号、活动名称	活动4:不同地域的石拱桥造型分析
活动目标	从不同区域的背景、经济和文化角度分析石拱桥造型。
活动任务	观察讨论。
关键问题	为什么不同地区的石拱桥造型有所不同?
活动资源	高清图片。

■ 教学环节:创作实践

活动序号、活动名称	活动5:写生石拱桥
活动目标	通过写生的形式进一步感受石拱桥的魅力。
活动任务	观看示范视频并用速写的形式写生石拱桥。
关键问题	写生石拱桥有哪些基本步骤?
活动资源	视频。

■ 教学环节:展示评价

活动序号、活动名称	活动6:作品展示与评价
活动目标	加深对石拱桥造型及结构的理解。
活动任务	从构图、造型、结构、背景方面表达对作品的感受。
关键问题	在写生创作过程中有什么感受?谈谈对本节课的体会。
活动资源	学生作品。

第二课时:《贤城桥韵——桥心石》(详案)

【教学目标】

知识与技能:了解浮雕的基本知识与艺术特点;知道桥心石属于浮雕,掌握纹样夸张、简化的方法;会运用修图软件后期处理作品照片。

过程与方法:通过欣赏、分析、讨论,掌握桥心石的基本纹样和寓意;运用"剪""卷""折"等产生凹凸起伏的手法创作纸立体桥心石纸浮雕作品。

情感态度与价值观:感受桥心石的韵律美;体会古桥不仅是风景,而且是奉贤区的历史见证和文化遗产;激发保护古石桥、保护贤城文化的情感。

【教学重点】知道桥心石属于浮雕,掌握纹样夸张、简化的方法。

【教学难点】运用"剪""卷""折"等产生凹凸起伏的手法,创作纸立体桥心石浮雕作品。

【教学资源】

教学准备:课件、平板电脑、纸、笔、剪刀。

教学技术:多媒体课件。

【教学活动设计】

■ 教学环节:情境导入

活动序号、活动名称	活动1:导入
活动目标	问题导入,引出课题。
活动任务	观察奉贤区手绘地图并思考问题。
关键问题	奉贤区的镇名有什么共同特点?
活动资源	奉贤区手绘地图。
活动要求	积极思考,主动表达观点。
活动评价	评价主体:学生互评、教师评价。 评价途径:行为观察、提问。 评价形式:评语。

■ 教学环节:探索新知

活动序号、活动名称	活动2:桥之灵魂——桥心石
活动目标	欣赏奉贤石拱桥,知道桥心石对于拱桥的重要性且属于浮雕。
活动任务	了解桥心石属于浮雕。
关键问题	1. 诗人汝霖称赞的是奉贤的哪一座古桥? 2. 石拱桥建造时最后放置的石头叫什么? 3. 桥心石属于哪一种美术表现形式?

活动资源	多媒体、图片、视频资源。
活动要求	1. 观察视频画面和图片中的内容。 2. 积极思考，主动发表看法。
活动评价	评价主体：学生互评、教师评价。 评价途径：行为观察、提问。 评价形式：评语。

■ 教学环节：欣赏分析

活动序号、活动名称	活动3：纹样的演变和表现技法
活动目标	通过纹样的演变和表现技法，进一步了解桥心石作品。
活动任务	分析桥心石纹样的演变和表现技法。
关键问题	1. "南塘第一桥"上的桥心石雕琢的纹样是什么？ 2. 桥心石上的纹样是通过哪些艺术手法演变而来的？（夸张、简化） 3. 对称、重复的纹样表现技法是什么？
活动资源	多媒体、图片。
活动要求	积极观察思考，主动发表看法。
活动评价	评价主体：学生互评、教师评价。 评价途径：行为观察、提问。 评价形式：评语。

活动序号、活动名称	活动4：纹样的寓意
活动目标	分析纹样的不同寓意，体会桥心石纹样的韵律。
活动任务	观察分析纹样的寓意。
关键问题	1. 桥心石上还会呈现哪些纹样？ 2. 桥心石上纹样的寓意分别是什么？
活动资源	多媒体、图片。
活动要求	积极观察思考，主动发表看法。
活动评价	评价主体：学生互评、教师评价。 评价途径：行为观察、提问。 评价形式：评语。

■ 教学环节：体验表现

活动序号、活动名称	活动5：从平面到立体
活动目标	了解纸浮雕桥心石作品从平面到立体的变化过程。
活动任务	体验运用"折""卷"等方法为纸浮雕桥心石作品塑型。
关键问题	1. 纸浮雕桥心石作品从平面变为立体的方法是什么？ 2. 设计纸浮雕桥心石作品有哪些关键步骤和注意点？
活动资源	多媒体、图片。
活动要求	积极思考，主动发表看法。
活动评价	评价主体：学生互评、教师评价。 评价途径：行为观察、提问。 评价形式：评语。

■ 教学环节：创意实践

活动序号、活动名称	活动6：创作纸浮雕桥心石作品
活动目标	参考教师示范，完成设计制作。
活动任务	为青溪古镇的仿古桥设计并创作纸浮雕桥心石作品。
关键问题	1. 运用简化或夸张的手法设计桥心石纹样。 2. 思考纹样设计的寓意。 3. 用"折""卷"等方法为作品塑型。 4. 运用修图软件合成作品。
活动资源	平板电脑、学习单、多媒体、工具材料。
活动要求	积极思考，设计创作。
活动评价	评价主体：学生互评与自评、教师评价。 评价途径：行为观察、作品呈现。 评价形式：评语。

■ 教学环节：展示评价

活动序号、活动名称	活动7：课堂作品展
活动目标	在展示与评价中进一步加强对桥心石的理解。
活动任务	展示纸浮雕桥心石作品及合成后的作品照片。
关键问题	采用了哪种方法和形式表现纸浮雕桥心石纹样？
活动资源	学习单、多媒体、作品照片。
活动要求	积极思考，发表观点，交流感受。

活动评价	评价主体:学生互评与自评、教师评价。 评价途径:行为观察、作品呈现。 评价形式:等第、评语。

■ 教学环节:总结提升

活动序号、活动名称	活动8:古桥的保护
活动目标	激发保护古石桥、保护贤城文化的情感。
活动任务	观察照片并谈感受。
关键问题	1. 这些古桥的照片给你的感受是什么? 2. 保护古桥,我们能做点什么?
活动资源	照片资源。
活动要求	积极思考,主动发表看法。
活动评价	评价主体:学生互评、教师评价。 评价途径:行为观察、提问。 评价形式:评语。

第三课时:《独具匠心的纸立体石拱桥》(简案)

教学目标	知识与技能:运用"剪""折""卷""粘"等方式完成纸从平面到立体的塑造。 过程与方法:通过欣赏、讨论、设计、探究,小组合作完成纸立体石拱桥模型。 情感态度与价值观:加强对立体构成的兴趣;提升想象力和创造力;激发保护古石桥、保护贤城文化的情感。
教学重点	以小组为单位协作完成纸立体石拱桥模型。
教学难点	运用"剪""折""卷""粘"等方式完成平面到立体的塑造。
教学资源	多媒体。

主要教学活动设计

■ 教学环节:情境导入

活动序号、活动名称	活动1:导入
活动目标	感受青溪老街石拱桥的魅力,引出课题。
活动任务	观看视频。
关键问题	谈谈你对青溪老街石拱桥的感受。
活动资源	视频。

■ 教学环节:欣赏分析

活动序号、活动名称	活动2:看一看　来欣赏
活动目标	知道纸桥作品的最终完成形态。
活动任务	观察并分析纸桥结构(复习巩固)。
关键问题	观察作品,说说纸桥由哪些结构组成?
活动资源	多媒体、纸桥作品。

■ 教学环节:探索交流

活动序号、活动名称	活动3:议一议　齐分析
活动目标	巩固石拱桥的构造,分析制作纸桥的步骤。
活动任务	观察讨论。
关键问题	1. 制作古桥有哪些基本的步骤? 2. 在制作时需要考虑哪些方面? 3. 在细节的处理上需注意些什么?
活动资源	多媒体、纸桥作品。

■ 教学环节:创作实践

活动序号、活动名称	活动4:做一做　我能行
活动目标	小组合作完成纸立体石拱桥模型。
活动任务	制作纸立体石拱桥模型。
活动资源	创作材料。

■ 教学环节:展示评价

活动序号、活动名称	活动5:作品的展示与评价
活动目标	通过评价交流互相学习。
活动任务	各组介绍和评价作品(自评、互评、师评)。
关键问题	1. 在创作过程中有什么感受? 2. 在制作作品的过程中,同学身上有哪些值得学习和借鉴的地方? 3. 纸桥上所设计的纹样有什么寓意?
活动资源	纸立体石拱桥作品。

■ 教学环节:总结与思考

活动序号、活动名称	活动6:总结提升
活动目标	传承工匠精神,激发保护古石桥、保护贤城文化的情感。
活动任务	谈谈感受与体会。
关键问题	在完成本单元的学习后,你的体会是什么?
活动资源	多媒体。

(三) 融合性评价模式的构建

奉贤特色纸艺动画融合课程的评价方式是多元的,总体按照"主题、多元、个性、预见"四大评价方式展开,重点发挥评价"诊断、改进、激励、预见与导向"的价值,特别是"改进"与"预见"价值,构建融合评价模式。以项目评价、活动反思评价为主要评价方式,以过程性评价与终结性综合评价为基本内容,以课程目标的落实情况及学生的学习效果为检验标准。还是以《贤城桥韵——桥心石》一课为例:

■ 项目评价

整个项目采用自我评价和综合评价相结合的方式,对学生项目学习中的各个阶段开展系统评价:

（1）过程性自我评价

评价标准	评价结果 （最高为五星）
通过网络、实地考察等多种形式搜集信息。	☆ ☆ ☆ ☆ ☆
对所收集信息的可靠性进行了筛选。	☆ ☆ ☆ ☆ ☆
对于出现的任何问题都能和同伴一起协商。	☆ ☆ ☆ ☆ ☆
正确使用纸艺技法。	☆ ☆ ☆ ☆ ☆
造型生动、突出。	☆ ☆ ☆ ☆ ☆
体现出纹样的美好寓意。	☆ ☆ ☆ ☆ ☆
在由平面到立体的塑造过程中,运用了"折""卷"等方式。	☆ ☆ ☆ ☆ ☆
能在规定的时间内完成作品。	☆ ☆ ☆ ☆ ☆
正确运用信息技术编辑合成最终作品。	☆ ☆ ☆ ☆ ☆
作品的完整度。	☆ ☆ ☆ ☆ ☆

（2）综合评价

指标	星级		
	☆☆☆	☆☆	☆
资料搜索	能熟练使用信息技术或现场考察收集奉贤古桥的信息，对信息进行分析整理，并制作成清晰有条理的微报告。	能通过不同方式收集奉贤古桥信息，进行资料的整合并制作微报告。	能收集与奉贤古桥有关的信息。
材料与形式	从展示古桥风貌的实际效果出发，对作品效果、古桥材质、纹样寓意等进行比较研究，寻找最佳展示方法。	对不同的作品进行比较和研究，发现不同纸艺制作方法的不同视觉效果。	能比较不同纸艺制作方法。
桥心石纹样创意	对不同纹样的原型进行溯源并了解其寓意。在纹样的形式美中探究、比较古今纹样排列方式的异同。	对不同纹样的原型进行溯源并知道其寓意。了解古老纹样的排列方式。	知道古老纹样的寓意和排列方式。
制作纸浮雕桥心石	通过赏析各类桥心石的图案，发现不同时代桥心石的纹样排列和寓意的不同。能修复或者重新设计制作符合古桥年代的桥心石纹样的纸立体作品。	知道不同时代桥心石的纹样排列和寓意。尝试修复或者重新制作桥心石纹样的纸立体作品。	知道不同时代桥心石的纹样排列和寓意。制作桥心石纹样的纸立体作品。
运用信息技术	能熟练运用学过的修图软件将作品和真实照片相融合，达到最优设计效果。	能通过修图软件的步骤学习单进行简单修改。	能在古桥照片上放置作品。

由此可见，以跨学科的方式实施奉贤特色纸艺动画课程是一条行之有效的途径。发掘奉贤乡土纸艺所蕴含的"敬奉贤人　见贤思齐"的文化精神及核心价值观，有利于引导学生增强对奉贤本土文化的理解和认同，树立起热爱家乡的文化自信。

四、线上线下混合式教学

（一）学科内纵向融合

在艺术学科内，通过视频、微课的学习方式，学生学习整合纸艺、动画与奉贤传统建筑、当代文化地标、非遗文化项目、传统文化等的资料。依据新课标，分析线上教学的学情,研发纸艺动画线上教学的目标体系,梳理每个年级学生应当达成的学习水平及教师的实施策略,搭建课程标准与线上学科教材之间的桥梁。建构视频、微课资源库,并且使之适用于线下教学和学生的日常自学。教师能够明确奉贤特色纸艺动画课程线上教学的学科知识、能力的经纬线,并以此为依据,比较清楚地把握分阶段教学目标、教学重点和难点,合理确定教学内容,为优质的线上、线下纸艺动画课程课堂教学提供保障。

（二）学科间破壁融合

根据学生奉贤特色纸艺动画课程线上学习的需要,打破泾渭分明的单一学科界限,以网络资源的统整、学习单的运用拓展学习空间,打破学科壁垒,统一探究主题、问题、概念、基本学习内容,链接不同学科。围绕育人目标,利用线上教学软件的展示、收集等功能,使学生建立系统知识的思维和梳理方式。借助不同学科的知识,跨界解决纸艺动画课程学习过程中的实际问题,体验各学科知识之间的联系,实现学习领导力的提升。其中动画设计制作与信息技术学科的跨学科、融合性尝试,从跨知识、跨方法到跨观念,从一个环节、一个活动到一个单元,带动整个课程、项目的深度发展,促进学生综合素养的深度提升。

纸艺动画融合课程中的线上线下混合式教学有其自身的优势。例如,学校每年都会组织学生参加市、区级的各类美术作品展,在这些作品展中,教师根据作品创作的主题,帮助学生收集各类有关的资料,对学生的作品初稿进行精心的修改。学生经过教师的指导与启发,创作出许多极富想象力与创造力的优秀作品。学生在活动中感受、体会到了成功的喜悦和被大家认可的成就感。

线上线下混合式教学更能促进学生充分利用网络资源进行学习。如结合"钉钉"这一教学平台以及平台中的内置菜单,可以完成很多线下教学不能完成的学习任务,如课前学习任务单、学习探索等。混合式教学让每一节课的知识面更宽,学生的参与度更广,更容易让学生接受。

● 在线教学案例:结合教学平台的纸艺课程

八年级《烟雨中的园林——观音兜设计》

新课标中通过"设计·应用",学生结合生活和社会情境,运用设计与工艺的知识、技能和思维方式,开展基于问题的学习、基于项目的学习,进行传承和创造。美术教学要调动学生的积极性并发挥教师的主导作用,运用恰当的、合理的教学方法从知、情、意、行去引导。上海突发的疫情,使美术教学由线下转为线上,在20分钟空中课堂与20分钟任课教师指导的模式下,很多学生暴露出了缺乏学习主动性、学习效率不高等问题。为解决这些问题,笔者将上海市教委推出的八年级空中课堂《特色民居》与本校的江南民居特色建筑纸艺课程相结合,设计优质有效的课程教学活动,充分利用教学平台菜单和网络信息资源,高效利用钉钉、腾讯会议、微课等互联网交互软件,实现对所学知识信息的课前传递、课中演示,通过丰富的学习活动调动学生的在线学习积极性,优化用创意纸艺表现江南民居建筑形式观音兜的设计制作。本文以八年级艺术课《烟雨中的园林——观音兜设计》为例,介绍在教学中如何通过问题导向,提升在线纸艺教学的效率。

通过"课前学习任务单"布置学习任务,预估学生的学习结果,使他们提前了解江南民居的建筑特征,并在课前深入了解江南民居与徽派建筑、土楼的异同点。学习单的设计直指本课的重点,引导学生对江南民居的由来和特征形成自己的思考。

1. 学习单前置为学习新知搭建桥梁

网课期间,师生互动的方式有限,直播中学生以文字留言形式互动,或以连麦或者视频连线的形式回答。在江南民居观音兜设计课堂中,笔者借助钉钉教学平台中各班级的"智能填表"功能设计"课前学习任务单",以连线题的形式针对徽派建筑、土楼建筑、江南民居三者进行预习、复习工作,把教学目标置于规划学习活动之前。通过连线题,快速让学生于课前了解本课的学习主要内容与环节。

通过"课前学习任务单",针对特色民居外部特色、内部特色和色彩意境三个内容进行连线,选用了前两节课的教学内容:徽派建筑和土楼的各项建筑特色进行复习和比较,另外出示江南民居的相应特色作为预习,也是将之与前两者无形中进行比较。

特色民居课前任务单（连线题）

特色民居	外部特色	内部特色	色彩意境
徽派建筑	民居与园林	灵秀、移步换景	水彩画
土楼	民居祠堂和牌坊	神秘感、坚实牢固	水墨画
江南民居	殿堂式的土围楼	大气、考究	

课前学习任务单　　　　　　　　课前学习任务单

学生因为错过连线题上传,进行私发

2. 任务导向的互联网探知拓宽学习渠道

因为是居家学习,更方便借助互联网提前解决一些拓展性的资料收集,让学生在积极的学习过程中,熟悉江南民居以及观音兜的建筑形式。在了解各建筑特色的同时,潜移默化地会接受建筑的历史、由来、形式、功能以及风貌的知识导向和感染,生发出更深层的思考。

在复习导入环节,笔者统计了"课前学习任务单"的回答情况,"课前学习任务单"显示出学生们已非常了解江南民居的特征,"有民居与园林相结合""你们有找到江南民居的建筑有什么不同于其他建筑的特点么?""有天井,土楼没有""庭院小,开间大,以两层楼为主"……学生积极回答,互动消息中的信息迅速弹出,这些

热烈的留言板讨论

都是认真完成"课前学习任务单"的学生在资料检索时一并看到的相关内容,回答简洁且直切要点。学生在任务驱动中可以自觉补充资料、勾连信息,与固有知识对比生成新的认知,形成知识的关联,进行知识的反复建构,更方便线上交流,增强学习实效。

3. 与学生生活实际切合能更好地激发学习力

创设问题情境,以任务单为基础列举身边的江南建筑事例,使学生能结合自身生活实际,完成本节课的教学任务,进而较好地参与问题解决的活动。"课前学习任务单"的设置直接指向本课学习的江南民居内容,学生结合自己的已有经验与知识可以在留言板中快速回复,充分感受到"美术即生活,生活即美术"。

笔者根据图片提问:"你们身边有没有类似这样的江南民居?""我家就是!""我乡下奶奶家。""青溪老街。"……回答很热烈。"老师去青溪老街拍了一段视频,请同学们观看一下,这里有一个特别的建筑,与众不同。"笔者展示青溪老街的建筑视频,"你

第四章
奉贤特色纸艺动画融合课程实施的途径与方法

看到了什么不同的民居建筑?"学生回答:"有个比屋顶高的墙。""好像是防火墙。"也有学生分析道:"从徽派建筑的特点看应该是马头墙一类的。"学生不知道观音兜的名称,但是他们通过视频有所发现,很好奇它到底叫什么。至此,本课已经顺利激发学生的求知欲,并且大部分学生已经参与进来,打破了传统课堂教学在单方面问题呈现的诸多限制,为学生提供多维的、动态的环境,有助于学生探究问题、解决问题,将问题结果具体化、创意化。

线上线下混合式教学,为奉贤特色纸艺动画融合课程的教学实施,提供了更多样的教学形式。充分借助网络资源的优势,丰富课堂教学和学生自主学习的途径,让学生更直观、深刻地感知到奉贤文化的历史渊源,树立起对家乡的自豪感。

第二节 奉贤特色纸艺动画融合课程实施的方法

一、艺术思维

艺术不仅仅是一种娱乐方式,它还能够培养人高雅、纯正的艺术趣味和审美情调。古希腊哲学家柏拉图认为:"把自然的优美方面描绘出来,使我们的青年们像住在风和日暖的地带一样,四周一切都对健康有益,天天耳濡目染于优美的作品,像从一种清幽境界呼吸一阵清风,来呼吸它们的好影响,使他们不知不觉地从小就培养起对于美的爱好,并且培养起融美于心灵的习惯。"[1]孔子也主张"行夏之时,乘殷之辂,服周之冕,乐则韶舞,放郑声,远佞人"。[2]

跳出现有的教学惯性思维,我们尝试用纯正的艺术思维引领艺术创作的方式去解决学习本身"反复操练"的瓶颈,进行拓展实用思维的训练,用基于现实世界的、以学生为中心的教学来培养学生围绕问题独立收集资料、发现并解决问题的能力,培养学生自主学习的能力和创新的能力。

---

① 柏拉图.柏拉图文艺对话集[M].北京:人民文学出版社,2008.
② 论语·卫灵公篇.

二、平等互动

师生之间的互相尊重也是课堂教学的关键,建立平等的师生交流模式可以实现更好的教学效果,进一步活跃学习气氛。通过鼓励学生主动参与课堂教学的设计,勇敢地表达内心的想法与困惑,最终获得更加活跃的创作思维。

在教学过程中,教师应该充分考虑学生创作学习中的需求和背景,制订相应的教学方案和教学方法。同时,教师还应该注重课堂氛围的营造,积极引导学生,使他们在课堂上充分发挥自己的主动性和创造性。在这个过程中,教师更应该积极倾听学生在学习和创作中的意见与建议,及时调整奉贤特色纸艺动画融合课程的教学策略,从而最大限度地提高教学效果。

除了课堂教学,教师还应该注重培养学生观察生活环境、纸艺创作实践和实际操作的能力。通过实际操作,学生可以更好地理解和掌握奉贤文化故事的创作和纸艺动画制作的技能,提高自己的实践能力和创新能力。因此,教师在课堂教学或项目实施过程中应该积极组织学生参加实践活动,为学生提供更多更好的调研、学习、操作的实践机会和平台。

孔子说过"志于道,据于德,依于仁,游于艺"[①],这是把"艺"与"道""德""仁"等人格最高品质相提并论,即通过涉猎各种艺术或通过艺术上的交流来实现人格之完美。

总之,在教学过程中,教师应该关注学生在奉贤特色纸艺动画融合课程学习中的主动性和创造性,积极引导学生,创设良好的学习氛围,提高课程实践和学生学习的积极性。同时,教师还应该注重学生的实践和实际操作,为学生提供更多的实践机会和实践环境,帮助学生更好地掌握所学知识和技能,提高自己的实践能力和创新能力。

三、融合性传承

新课标关于传承传统工艺的学习任务中指出:本学习任务主要引导学生学会利用不同的工具和材料,学习制作或创作工艺品,体会传统工艺"守正创新"的内涵与意义。[②]

---

① 论语·述而.
② 中华人民共和国教育部.义务教育艺术课程标准(2022年版)[S].北京:北京师范大学出版社,2022:62.

在融合了各类美术基本知识以及地方文化、信息技术等相关知识的基础上,融合已有知识点和基本技法将纹样从平面转化成为立体的浮雕。继承中华民族的优秀传统文化,绝不仅仅是一成不变的复制,在充分运用现代化信息技术辅助和学习理解传统文化的基础上,还可以有新的传承方式——融合性传承。

通过奉贤特色纸艺动画课程的实施,引导学生观察与欣赏家乡的美、家乡的文化精神,获得人与自然和谐共生理念,促进学生身心健康、全面发展。

第五章

奉贤特色纸艺动画融合课程的改革创新

传承与发展中华优秀传统文化是艺术课堂教学的重要任务之一。在传统纸艺设计制作的技艺传承中融入动画的技术和现代设计理念,通过整合时代技术驱动传统手工艺传承创新的实践教学模式,有效提升学生实践创新的能力、知识迁移的能力、适应未来生活的能力。

第一节　整合资源　革新纸艺课程

　　奉贤曾专门为"贤文化"撰写配套教育文集,作为奉贤的校本化课程,但结合本土文化基础,从艺术领域加以诠释和渗透至今还是空白。奉贤特色纸艺动画融合课程的实施能让学生在艺术与人文的关联中,以艺术的形象性、审美性来加深对地域文化的理解,感受奉贤乡土纸艺的独特魅力,理解、掌握纸艺所体现的人义思想,加强文化身份认同和文化自觉,也填补了"贤文化"教育在艺术领域的空白。

　　本课程还通过教师对现代的民间纸艺传承的学习与美术教育功能、目的的讲解,使学生认识到学习地域特色创意纸艺课程对今后自身发展、立身现代社会生活的积极意义,从而把学习地域特色纸艺动画融合课程纳入与社会意义、与个人全面发展相联系的远大的学习动机之中,即可以更自觉的态度去学习创意纸艺动画,在具体的课程学习中,升华对家乡的了解和热爱。

第二节　融合技术　创新表现形式

　　随着保护传统文化的呼声越来越高,奉贤乡土纸艺要寻求新的发展方向。新课标中对于六七年级创编校园微电影的学习任务有明确规定:本学习任务主要组织学生以个人或小组合作的方式,结合校园现实生活,探究各种问题,通过创编校园微电影,将不同学科的知识融为一体,增强综合探索与学习迁移的能力。[1]

　　奉贤特色纸艺动画融合课程是对乡土纸艺的继承和创新发展,当传统纸艺遇上信息时代,学生在感受我国文化底蕴的同时结合数字媒体进行创作,引导学生从奉贤特色中寻找感兴趣的素材,切实提高了学生的综合实践能力及设计能力,全面培养学生

---

① 中华人民共和国教育部.义务教育艺术课程标准(2022年版)[S].北京:北京师范大学出版社,2022:63.

的视觉、造型和创作能力,从而达到培养学生核心素养的目的。

融合新媒体改革的纸艺新课程,是基于提升学习者、参与者的动机和能力,基于信息技术的"非中心性、多元性、开放性和无限性"等特质,打破传统纸艺教育的枷锁,让学生有更多的机会参与观察、比较、分析、综合探索的学习活动,是不断完善知识的自我建构过程。

第三节　融合教学　改变传承方式

新课标中关于"传承传统工艺"教学策略的建议:遵循"守正创新"的传承与发展理念,鼓励学生通过实地考察、问卷调查、网络搜索等方式收集素材,开展自主学习和合作学习;引导学生分析家乡和其他地区传统工艺的特征与内涵,发现工艺发展中的问题,提出解决方案;指导学生创造性地学做传统工艺品及文创产品,以线下或线上的方式展示自己创作的工艺品与文创产品;注重引导学生理解"继承与创新是传统工艺创作的重要原则"。①

一、学科融合教学变革

新课标确定了跨学科主题活动的必要性,纸艺课程注重学生跨学科知识的灵活运用。跨学科课程能够让学生在学习过程中自主地将各个学科知识与技能串联起来,形成框架式知识思维导图,并运用到解决现实问题的学习中,从而更好地发挥学生的自主学习能力以及解决问题的能力,落实学生学科核心素养培养。

精准分析学情。基于学生现状、学生知识与技能的学情,精心设计教学,引导学生经历从原有状态到目标状态的连续进阶过程,只有经历完整的、像艺术家一样的创作过程,学生才能形成系统的概念体系,真正实现有效教学。学生在接受美术教育的过程中能逐步形成适应个人终身发展和社会发展需要的关键能力和必备品格。

制作纸艺动画讲述奉贤故事,可以发挥传统纸艺教学的德育功能,让艺术与德育

---

① 中华人民共和国教育部.义务教育艺术课程标准(2022年版)[S].北京:北京师范大学出版社,2022:65.

完美融合。在新课标指导下,"奉贤特色纸艺动画"融合课程中纳入德育的功能。教学案例如下:

- 教学案例:纸艺课程中渗透德育教育

党的"二十大"报告明确提出:"全面贯彻党的教育方针,落实立德树人根本任务,培养德智体美劳全面发展的社会主义建设者和接班人。"

基础教育课程承载着党的教育方针和教育思想,规定了教育目标和教育内容,是国家意志在教育领域的直接体现,在立德树人中发挥着关键作用。

新课程改革提出的课程资源不再局限于传统教材。根据课程资源的存在方式,课程资源可以分为显性课程资源和隐性课程资源。显性课程资源是指教科书、多媒体设备、自然环境中的实物和活动、社会资源等看得见、摸得到、可以直接应用于教育教学活动的课程资源。与显性课程资源不同,隐性课程资源具有间接性和隐蔽性的特点,是指以潜在的方式对教育教学活动产生影响的课程资源,如校风、教学氛围、师生关系、社区活动等。

相对于显性资源,人们更容易忽视对隐性资源的开发与利用。纸艺课程的学习,就是将学校日常教学环境和教学活动与隐性的德育教育资源相融合,充分利用纸艺课程的学习实现隐性的德育育人目标。

一、精心设计,在情境教学中预设德育教育

纸艺来源于生活,它是我国民族文化的重要载体,是中华文明和几千年来历史积淀的产物,还是我国以人为本、口传身授文化传承的活态传统。近年来纸艺越来越受到关注,对纸艺的传承不仅要学会民间的剪刻技法,而且应上升到一个更高的层次。纸艺具有鲜明而强烈的生命力,展示出一种"生命的形式"。现代人对民族文化的了解程度不够,追求时尚,疏于本土文化的学习,一些民间艺术几近湮灭,民族民间文化的传承产生了严重脱节。所以,要充分融入本民族的本土文化。纸艺承担起了文化传递的载体的重要角色,逐步形成了厚重的民间文化,这是对传统民间艺术的最好保护。

纸艺极具操作性和艺术性。为了让学生在学习活动中既能学到知识又能接受德育教育,教师根据课程特点,结合学情,精心设计教学环节,并通过让学生走出校园实地采风的形式,了解身边的纸艺作品,使学生直观感受到纸艺的艺术魅力。更为重要的是在采风过程中,学生感受到了中华优秀传统文化的博大精深,更激起学生对中华优秀传统文化的传承与创新意识,在无声中渗透德育教育。

例如,在教学《桥心石》一课时,教师首先带领学生到古华公园参观"南塘第一桥",着重向学生介绍了桥心石,了解桥心石的纹样,以及纹样所蕴含的深刻寓意,从中让学生初步体会中华优秀传统文化;其次,带领学生参观青溪古镇的桥,学生在参观过程中还看到了桥心石,并且发现这里的桥心石纹样更丰富,在积极探究这些传统纹样的文化寓意后,再次体会中国优秀传统文化的艺术魅力;最后,引导学生思考:"请同学们仔细观察,说说所看到的桥心石有什么特点。"有学生说:"很多桥心石都已经破损严重。"教师由此说明桥心石的雕刻过程,提问:"这些桥心石都由古时候的匠人们精心雕琢,但随着时间的推移、风雨的侵蚀,原本精美的桥心石早已没有了往日的风采,同学们是否想要为这些桥心石进行修补呢?"以此激发学生完成作业的兴趣,在作业形式上采用立体纸艺的方式,学生容易操作,作业效果更佳。在作业创作过程中鼓励学生学习古时工匠的精神,对作品精雕细琢,在润物细无声中渗透了德育教育。

二、梳理教材,提炼德育资源

在纸艺课程中融入德育教育,需要深入研究教材,积极挖掘德育元素,抓住关键点,运用合理的教学方法,在纸艺课程中无声渗透思想品德教育,实现育人价值,提高学生的审美情趣。

通过对教材中作品的赏析,教师引导学生了解艺术家对真、善、美的理解和追求。这有助于学生形成正确的审美情趣和价值观。例如,上海少儿版的六年级下学期教材"简洁热烈的剪纸"单元中就有对剪纸历史和艺术特色的介绍,更有对剪纸的纹样与用途的详细说明。在欣赏多幅经典剪纸作品的过程中,教师不仅仅引导学生学会欣赏剪纸作品,更重要的是将单纯的知识技能在学习层面向美术的文化学习层面提升,使学生能够在学习美术基本知识技能的同时,加深对中华优秀传统文化的认知与理解,实现美术的社会作用,使学生树立起健康的审美情趣与正确的人生价值观,涵养人文精神。

教材应与时代同步,应尊重学生个性发展的需要,在使用好教材的同时,也要根据校情、学情开发自己学校的特色课程。我校的特色课程开发过程中尤为重视将纸艺课程与学校文化巧妙结合,实现"立德树人"的育人目标。如我校与青溪古镇相邻,我们时常让学生走进古镇,了解青溪古镇的历史、文化,努力在传承传统文化的同时弘扬人文精神。正如新课标"课程资源开放与利用3"中所述:"广泛而有针对性地利用地方和社会文化资源,如有特色的自然和人文景观、乡土音乐、民间美术、民间舞蹈、地方戏剧(含戏曲)资源,历史、政治、经济、民俗等领域的事件,文化景观、文化遗产和遗迹、各类传统艺术等,发掘其蕴含的中华文化精神和核心价值观,引导学生增进对中华文化的理解与认同,树立文化自信。"

学科的分界促进了学科的发展,学科的融合又促进了学科间相互渗透、交叉活动,更加促进创新思想的产生。

二、深度学习促进改革

在新型的教育教学关系中,教师对学生的了解程度是引导学生深度思考、深度讨论和深度学习的基础。通过设置实践性、开放性、探究性的试题,通过阶段性的测试情况分析学情,通过对学生不同时间节点学习状态的纵向追踪、横向分析与比较,可以更清楚地了解学生在观念、能力、方法、素养等方面的已有基础,分析学生已经掌握的学科、跨学科知识,同时对学生未来学习中可能遇到的问题、困难,可能达到的发展水平等做出评估和判断,为确定单元、学期教学目标、重点难点提供重要依据。

在本课程基础纸艺学习过程中,通过一个单元的学习,了解学生对纸艺的掌握程度和存在的问题。

基于国家基础课程,教师设计了单元课程"纸艺与生活创意课程"。通过一个单元的学习,使用纸艺的不同技法解决基础型课程中的教学任务,并且在学习中体会了纸艺在生活中的使用,感受了奉贤传承千年的文化精神与魅力。

● 教学案例:纸艺与生活创意课程

【教材选择】上海少年儿童出版社

【执教年级】七年级

【单元概述】

本单元主要从"艺术形式""艺术内容"与"艺术创作"的角度,对纸艺进行探索。通过欣赏优秀的艺术作品,了解纸艺的特点,探究纸艺新的表现形式;调动多感官欣赏新纸艺作品,感受艺术形式美和艺术情感,提升学生对艺术形式的感知能力。学会观察生活,搜集、筛选、提炼创作素材,运用艺术技能尝试演绎或创作艺术作品;学会比较艺术作品与创作原型的差异,能综合多种艺术手段表现生活情境,并进行创意表达。在艺术活动中,通过调动视觉、听觉、触觉等感官,感知艺术的美感和意蕴,获得审美情感体验,提升审美情趣。理解生活是艺术创作的源泉,主动参与艺术活动,能认同中华优秀传统文化,形成文化理解。

学习材料主要有:各种实物和绘画、关于"线"的照片、各类纸灯照片、"汉服结构介绍"视频片段、各类功能性椅子照片、各类藏书票照片、"创意汉服折纸"视频片段、"南塘第一桥"照片与视频片段、"石拱桥建造"视频片段、传统京剧《三岔口》和 Q 版京剧视频片段、"定格动画制作"视频片段等。

本单元安排 9 课时。

一、单元规划建议

	规划范围	□学年　　□学期　　☑单元		
研读标准	内容侧重	☑艺术形式　☑艺术内容　□艺术风格　□艺术体验 ☑艺术创作		
确定内容	课程内容	艺术形式	1.1	
		艺术内容	2.2.1、2.2.3、2.3.2	
		艺术创作	5.1.1、5.1.2、5.2.1、5.2.2	

确定内容	教学材料	教材素材	上海市少年儿童出版社《美术》七年级第二学期的"绚丽多姿的服装""质朴的民间工艺""凹版画的魅力""充满形式美的立体构成"
		补充材料	巧影、sketchbook、美易以及 iMovie、keynote 等 App；京剧《三岔口》片段；教师示范微视频
规划单元	单元综合主题		纸艺创造美好生活
	单元总课时数		9 课时

二、教材教法分析

（一）教学材料结构

选用上海市初中《美术》教材（少年儿童出版社）初一年级第一学期第三单元"画面中的空间"、第六单元"为商品设计包装"、第八单元"在平面与立体之间"、第九单元"展示我们的成果"以及第二学期第一单元"美术家如何创作"、第四单元"绚丽多姿的服装"第五课"质朴的民间工艺"的内容，得到以纸艺为统整的美术新单元。本单元将"纸艺创造美好生活"作为主线，结合书画艺术、影音等艺术作品的欣赏，理解纸艺创造美好生活的方式。本单元由表达生活的纸艺作品组成，开展赏析、体验、表现、综合实践等一系列教学活动。了解纸艺的特点，探究数字化技术为纸艺开拓创造的新领域和表现形式，开展激发创造性思维的艺术教学。

（二）核心内容

本单元要求知道以生活为题材的纸艺创作，是对现实生活的模仿、提炼或修饰；学会观察生活，搜集、筛选、提炼创作素材；学会比较艺术作品与创作原型的差异，能综合多种艺术手段表现生活情景，进行创意表达；理解生活是艺术创作的源泉，主动参与艺术活动，能搜集与艺术语言、艺术作品、艺术观念相关的文化背景资料；能用视、听、画、演、创等形式表达对音乐、舞蹈、美术及其相关艺术作品的感受。

本单元涉及艺术感知、审美情趣、创意表达和文化理解四个核心素养，侧重艺术感知、创意表达与文化理解。

（三）单元教学策略与方法

在教法上，首先从艺术课程的特点出发，找到音乐、美术、舞蹈等相关艺术门类之间的关联，既把握住音乐、美术作为表现艺术、造型艺术的学科特点，又体现中学艺术课程的综合性、多元性。在具体教学上引导学生从跨学科、多领域的视角探索新媒体艺术作品，积极创设教学情境，合理利用教学资源，注重实践活动的丰富性、体验性和有效性，激发学习兴趣，形成艺术理解。设计由浅入深、层层递进、环环铺垫的单元活动和作业，重视问题引导、示范、模仿、创作、讨论等多种教学方式的运用，力求达成教学目标。教师引导学生开展探究性学习,以多角度拓展思维的艺术创作为主,学生在丰富的课堂活动和艺术创作中,学习、探究知识技能,感受不同艺术之间的融会贯通,从而建立学生在课堂中的主导性。教师运用表现性评价、过程性评价及发展性评价,尊重学生个性的发展,激发学生潜能,鼓励学生用心体会、大胆创造。

(四)单元育人价值

本单元从审美立德、文化立身的育人角度,在对艺术内容和艺术创作的学习过程中,挖掘艺术作品与生活的关联,培养和锻炼学生的文化认同、审美感知和实践表达能力。

三、单元教学目标

(一)学情分析

七年级学生对艺术作品的常见体裁、种类、表现形式以及以生活为题材的艺术作品并不陌生,但对艺术作品的文化认同、情感表达以及艺术作品与古代文明的融合缺乏深度理解和挖掘。学生已掌握一定的信息技术的基础知识,如 sketchbook、巧影、美易以及 iMovie、keynote 等 App 的使用,同时具备一些艺术实践能力,但还未尝试过融合纸艺术作品的形式。七年级学生乐于向其他同学分享自己的感受和创意,因此为本单元的学习活动和单元作业的完成提供了较好的保证。但对于如何欣赏、理解背后的文化内涵,理解现代化信息手段与传统民间艺术的形式与内容有机结合,以及艺术与科学的关系认知尚浅,需有所加强。因此可以从这些角度引入,深入了解表现纸艺的经典民间工艺作品。通过传统艺术与现代审美一体的渊源追溯,学生对作品的理解能更深刻,能理解艺术源于生活,能理解生活中存在着大量的艺术创作素材。可以提高文化自信与对中国传统文化的理解;理解艺术与现代信息技术之间的关系,培养新型创造性思维。

(二)单元教学目标

1. 在模拟、记录、制作等艺术实践中,体会纸艺、信息技术、艺术创作等新媒体艺术作品表现的生活;运用多种感觉方式,了解以生活为题材的艺术作品是对真实生活的模仿、提炼或修饰。

2. 学会观察生活,搜集、筛选、提炼创作素材,运用艺术语言、技能和信息技术尝试模拟演绎和创作艺术作品;学会比较艺术作品与创作原型的差异,能综合多种艺术手段表现生活情境。

3. 在欣赏、绘画、工艺、创编等艺术活动中,通过信息技术的运用,调动视觉、听觉、触觉等感官,感知纸艺的美感和意蕴,获得传统与现代结合的审美情感体验。

4. 理解现代信息技术是传承民间传统艺术必不可少的枢纽,主动参与音频制作、视频编辑等艺术活动,能认同中华优秀传统文化艺术与新媒体艺术创作中人文精神相互的承接。

（三）单元教学目标分解

单元	课	学习栏目	学习内容	学习要求与水平
纸艺创造美好生活	1. 线的韵律	赏析	1. 点和线的静态照片和动图。 2. 实物线图片和绘画线的形态。 3. 中国画中的线。 4. 线构成作品。	1. 体会摄影艺术作品的表达；能够运用多种方式了解运用信息技术的艺术创作，以及将视觉感受与现代科技相融合的方式方法。 2. 学会观察，搜集、筛选、提炼创作素材，学会比较、分析作品，能通过不同形式进行模拟分析。 3. 学会观察生活，搜集、筛选、提炼创作素材，进行相关艺术作品的制作，表现简单的生活情境。学会比较艺术作品与创作原型的差异，能通过纸艺平面构成的形式模拟表现生活情境。 4. 传承优秀文化，创作新颖的艺术作品。能理解艺术作品背后的人文性，感受现代纸艺的文化内涵，提升文化自信。
		拓展	1. 分析沙画视频中线的运用。 2. 赏析线性实物作品。	
		表现	选择一种或几种胶带纸，创作不同线的构成形式。	
		单元综合活动	线条的排列组合方法。	
	建议课时：1课时			
	2. 光的魔术——剪纸创意小夜灯	赏析	1. 比较没有灯罩的灯泡和有纸灯罩的灯，感受生活中的艺术美。 2. 利用照片观察剪纸纹样的形式美法则。 3. 观察了解纹样的基本形式。 4. 观察灯罩的制作步骤图，研究制作方法。	1. 在模拟、记录、制作等艺术实践中，体会纸灯罩作品的表现形式；运用多种感觉方式，了解传统纸艺作品表达情感的手法。 2. 运用剪纸纹样、设计等艺术作品表现生活；运用多种感觉方式，了解中国民间美术的起源是对生活的模仿、提炼或修饰。 3. 学会观察生活，搜集、筛选、提炼创作素材，制作视觉符号艺术作品，表现简单的生活情境。学会比较艺术作品与创作原型的差异，能通过塑造半立体纸艺的形式进行模拟表现。 4. 在欣赏、工艺等艺术活动中，感知民间美术作品和光的美感与意蕴，获得审美情感体验。
		拓展	赏析更多纸艺小夜灯作品图片，开拓现代纸灯的造型工艺视野。	
		表现	1. 为自己设计一盏创意纸灯罩。 2. 运光，拍摄一张摄影作品。	

单元	课	学习栏目	学习内容	学习要求与水平
纸艺创造美好生活	2. 光的魔术——剪纸创意小夜灯	单元综合活动	利用剪纸的基本纹样塑造镂空的小夜灯纹样形式。	
	建议课时：1课时			
	3. 云想衣裳花想容——折纸汉服设计	赏析	1. 盲盒导入，欣赏发现汉服的两大特点以及各部分款式。 2. 通过观赏，理解汉服特点背后的意义。 3. 观察、了解汉服的两大特点以及各部分款式。	1. 在模拟、记录、制作等艺术实践中，体会中国传统汉服的基本款式；运用各种多媒体方式，了解古代服装艺术表达的人文情感。 2. 学会搜集、筛选、提炼创作素材，运用艺术技能尝试模拟演绎和创作艺术作品；学会比较艺术作品与创作原型的差异，能综合多种艺术手段创作纸艺汉服作品。 3. 在欣赏、制作等艺术活动中，通过调动视觉、听觉、触觉等感官，感知中国传统服装艺术的美感和意蕴，获得审美情感体验。
		拓展	当代社会汉服的运用。	
		表现	运用折、剪、贴的方式完成一件汉服的设计。	
		单元综合活动	用折纸表现传统服装。	
	建议课时：1课时			
	4. 纸的联想——椅子设计	赏析	1. 结合字母形状观察椅子的造型结构。 2. 赏析视频，了解折纸椅子的基本比例和结构的表现方法。 3. 观察场景，分析椅子设计的景观需求。 4. 欣赏图片，观察不同款式椅子的特征以及功能。 5. 观察图片，探究卡纸如何变化成立体的造型。 6. 观赏优秀作品，拓宽创作的思路。	1. 运用工艺、设计等艺术作品表现生活；运用多种感觉方式，了解纸艺是对现代生活的模仿、提炼或修饰。 2. 学会观察生活，搜集、筛选、提炼创作素材，进行纸立体艺术作品的制作，表现简单的生活情境。学会比较艺术作品与创作原型的差异，能通过纸艺形式进行模拟表现。 3. 在欣赏、创作、工艺等艺术活动中，感知现代设计的美感和意蕴，获得审美情感体验。 4. 主动参与工艺、综合实践等艺术活动，理解纸立体作为当代艺术象征的意义，提升文化自信。

单元	课	学习栏目	学习内容	学习要求与水平
		拓展	不同场景使用不同功能和造型的椅子。	
	4.纸的联想——椅子设计	表现	用多种方法,设计制作有特色的椅子。	
		单元综合活动	通过折、卷、贴的方式制作立体的纸椅子。	
	建议课时:1课时			
纸艺创造美好生活	5.商品包装再设计	赏析	1.赏析了解包装设计的基本功能和形式要素。 2.欣赏优秀商品包装设计,比较优秀与一般的包装设计,知道商品包装设计的基本功能和形式要素。 3.知道纸包装盒展开图的基本样式。	1.运用绘画、工艺、设计等艺术手段表现生活;运用多种感觉方式,了解纸艺是对现代生活的模仿、提炼或修饰。 2.学会观察生活,搜集、筛选、提炼创作素材,进行纸包装艺术作品的制作,表现简单的生活情境。学会比较艺术作品与创作原型的差异,能通过包装盒形式进行模拟表现。 3.在欣赏、绘画、创作、工艺等艺术活动中,感知现代设计的美感和意蕴,获得审美情感体验。 4.主动参与绘画、工艺、设计、综合实践等艺术活动,理解包装盒作为当代生活艺术象征的意义,提升文化自信。
		拓展	学习用思维导图的方式帮助思考。	
		表现	用包装设计示意图和设计说明来表达自己的设计创意和构思。	
		单元综合活动	设计纸质包装盒的展开图,思考材料的改变对商品价值有多大的提升。	
	建议课时:1课时			

单元	课	学习栏目	学习内容	学习要求与水平
纸艺创造美好生活	6. 图书馆的藏书票	赏析	1. 老师的藏书票。 2. 国外最早的藏书票、中国最早的藏书票。 3. 上海图书馆不同时期、不同票主的藏书票。	1. 运用绘画、工艺、设计、印刷等艺术手段表现生活；运用多种感觉方式，了解藏书票是对现代生活的模仿、提炼或修饰。 2. 学会观察生活，搜集、筛选、提炼创作素材，创作藏书票，表现简单的生活情境。学会比较艺术作品与创作原型的差异，能通过藏书票形式进行模拟表现。 3. 在欣赏、绘画、工艺等艺术活动中，感知现代设计的美感和意蕴，获得审美情感体验。 4. 主动参与绘画、工艺、设计、综合实践等艺术活动，理解藏书票作为当代生活艺术的象征意义，提升文化自信。
		拓展	趣味套色藏书票。	
		表现	为学校图书馆设计藏书票。	
		单元综合活动	用纸板制作凹版画。	
	建议课时：1课时			
	7. 贤城桥韵——桥心石设计	赏析	1. "南塘第一桥"照片与视频片段。 2. "石拱桥建造"视频片段。 3. 桥心石纹样照片。 4. "纸艺浮雕桥心石制作及App处理"教师演示视频片段。	1. 运用绘画、工艺、设计、电脑软件合成等艺术手段表现生活；运用多种感觉方式，了解纸艺是对现代生活的模仿、提炼或修饰。 2. 学会观察生活，搜集、筛选、提炼创作素材，进行纸浮雕艺术作品的制作，使用App表现简单的生活情境。学会结合传统艺术与现代信息技术进行创作的整合，能通过App合成照片进行模拟表现。 3. 在欣赏、创作、工艺与电脑绘画等艺术活动中，感知传统工艺与现代设计的美感和意蕴，获得审美情感体验。 4. 主动参与绘画、工艺、设计、综合实践等艺术活动，理解桥作为当代生活艺术象征的意义，提升文化自信。
		拓展	我们可以为保护古桥做点什么？ 传承工匠精神。	
		表现	为青溪古镇的仿古桥设计并创作纸浮雕桥心石效果图。	
		单元综合活动	制作纸浮雕桥心石并使用App合成效果图。	
	建议课时：1课时			

单元	课	学习栏目	学习内容	学习要求与水平
纸艺创造美好生活	8. 京剧有我更精彩——Q版京剧人物设计	赏析	1. 传统京剧《三岔口》片段。 2. Q版京剧《三岔口》片段。 3. Q版京剧人物图片。	1. 运用绘画、工艺、设计等艺术手段表现生活；运用多种感觉方式，了解剪纸、京剧人物、Q版京剧人物、提线纸偶是对现代生活的模仿、提炼或修饰。 2. 学会观察生活，搜集、筛选、提炼创作素材，进行Q版剪纸提线京剧纸偶艺术作品的制作，表现简单的生活情境。学会比较艺术作品与创作原型的差异，能通过纸艺形式进行模拟表现。 3. 在欣赏、绘画、创作、工艺等艺术活动中，感知古代剪纸、京剧、提线木偶等与现代Q版艺术相融合的美感和意蕴，获得审美情感体验。 4. 主动参与绘画、工艺、设计、综合实践等艺术活动，理解京剧、剪纸等作为中国非物质文化遗产的存在价值，提升民族文化自信。
		拓展	演绎剪纸提线纸偶京剧人物故事。	
		表现	设计一个Q版剪纸提线京剧纸偶。	
		单元综合活动	创编Q版剪纸提线京剧纸偶的校园故事。	
	建议课时：1课时			
	9. 京剧人物动起来——剪纸京剧定格动画	赏析	1. 学生创编的剪纸京剧人物定格动画《吟诗作赋》。 2. 专业动画拍摄片段。 3. 经典动画视频片段。	1. 运用绘画、工艺、设计等艺术手段表现生活；运用多种感觉方式，了解定格动画是对现代生活的模仿、提炼或修饰。 2. 学会观察生活，搜集、筛选、提炼创作素材，进行定格动画艺术故事作品的制作，表现简单的生活情境。学会比较艺术作品与创作原型的差异，能通过视频形式进行模拟表现。 3. 在欣赏、绘画、创作、工艺等艺术活动中，感知现代设计的美感和意蕴，获得审美情感体验。 4. 主动参与绘画、工艺、设计、综合实践等艺术活动，理解视频创编制作作为当代生活艺术象征的意义，提升文化自信。
		拓展	探究更多App的使用方法。	
		表现	以京剧人物为主题拍摄、制作定格动画。	
		单元综合活动	纸艺人偶与现代信息技术相融合。	
	建议课时：1课时			

四、单元活动目标

1. 通过欣赏与学习,能够正确理解运用科学技术的艺术创作,将传统经典与现代科技相融合的方式方法。

2. 感受信息技术与传统艺术相结合的新颖艺术所呈现的现代审美,形成正确的审美价值判断,领悟用融合艺术手段表达情感。

3. 在欣赏新媒体艺术的过程中,感受新媒体艺术的要素与表现形式。

4. 通过制作新媒体艺术短视频,理解信息技术与艺术相结合的作品表达情感的方式,能认同新型艺术创作中的人文精神。

五、单元作业目标

1. 在模拟、记录、制作等艺术实践中,体会音乐、舞蹈、绘画等新媒体艺术作品的表现形式;运用多种感觉方式,了解新媒体艺术作品表达情感的手法。

2. 学会搜集、筛选、提炼创作素材,运用艺术技能尝试模拟演绎和创作艺术作品;学会比较艺术作品与创作原型的差异,能综合多种艺术手段创作新媒体艺术作品。

3. 在欣赏、绘画、制作等艺术活动中,通过调动视觉、听觉、触觉等感官,感知新媒体艺术的美感和意蕴,获得审美情感体验。

4. 理解艺术和科学互相成全,能主动参与音频制作、视频编辑等艺术活动,能认同新媒体艺术创作中的人文精神。

六、单元评价设计与实施

(一) 单元评价目标

1. 根据作业评价表中的过程表现,评价学生作业的参与度和作业完成情况。

2. 根据作业评价表中的作品表现,评价学生运用艺术技能尝试模拟演绎生活情境和运用文字或视觉语言表现生活、表达情感的学习成果。

3. 根据活动实践评价表,评价学生与同伴协作、交流等情况。

(二) 单元评价标准

单元学习过程评价表

观测点	学习过程参与度	小组分工	合作交流
评价对象	个人	小组	小组
评价主体	互评	自评	互评

评价标准	优秀	合格	不合格	优秀	合格	不合格	优秀	合格	不合格
	积极参与	能参与	不能参与	明确、落实	有分工,但分工不明确	不明确、未落实	能相互理解包容	不能很好地进行合作	完全不能进行合作交流
权重占比	30%			30%			40%		
评价结论	优良:45%;合格:50%;不合格:5%。								

单元评价标准

内容	单元活动	单元作业	单元学习过程
权重占比	30%	40%	30%
评价结论	优良:45%;合格:50%;不合格:5%。		

通过学习国家教材建立与纸艺相关的深度学习,让学生知道创作一个纸艺动画应该经历怎样的学习过程、知道要达成最终的学习任务需要如何处理未知的知识,教会学生探索学习的方法。

三、基于项目改变课堂教学

新课标中关于教材编写建议指出:鼓励以灵活多样的方式构建艺术教材的框架和内容,突出主题化、生活化、情境化、项目式、任务驱动等新的学习理念和方式。提倡以单元的形式组织学习内容。[①] 奉贤特色纸艺动画融合课程注重的是学生在学习过程中的动手实践体验以及解决问题的能力,这些都需要给予学生充足的时间与精力去完成每一项任务。基于项目的学习方式是一种以学生为中心、让学生"做中学"的教学方法,学生通过探索在日常生活中面临的各种挑战和问题,积极地寻求解决方案,从而获得更深度的知识与技能,以此解决当前现实生活中的实际问题,在培养学生解决问题能力的同时,提升学生批判性思维和团队合作能力。因此,采用项目式学习的教学方法能够让学生参与复杂的、新的问题解决过程,促进学生认知能力的发展,树立正确的价值观以及传承中华优秀传统文化的责任感。

---

① 中华人民共和国教育部.义务教育艺术课程标准(2022年版)[S].北京:北京师范大学出版社,2022:119.

总之,奉贤特色纸艺动画融合课程是以国家基础型课程为基础、以特色课程为辅助、渗透德育课程为一体的综合性课程,是立足学生的全面发展,打破学科壁垒,实现教学内容、教学资源、课堂组织以及课堂评价方式融合统一的课程。艺术学科的融合是指围绕统一的项目化教学目标、教学内容,由多学科共同参与。在纸艺教学中,通过向外延伸,实现纸艺与动画的艺术学科门类间的融合。奉贤特色纸艺动画融合课程的实施,通过纸艺动画表现内容、表现形式的融合以及纸艺动画教学方式融合的不断创新,对教师的专业发展提出了较高要求,促进教师的专业成长。教师既需要立足本学科的教学阵地,又要不断拓展课程外延,构建更能满足学生发展需要的融合课程。

第六章

融合纸艺的课堂教学实践案例

民间传统工艺传承至今是因为:发展历程中被赋予了文化的内涵;传统手工艺人的"工匠精神";五千年来的璀璨历史和绵长的工艺制造史;实用与美观相结合的理念;"一辈子只做一件事"的执着精神。

　　而今,民间传统工艺更将与时俱进地扮靓世界。

第一节　奉贤纸艺的传统内容

一、奉贤纸艺营造温馨生活氛围

新课标关于"领略世界美术多样性"中的教学重点为:根据6—7年级学生的认知特点,结合当地美术活动、文博资源,设计单元教学活动;运用美术欣赏方法,从表现形式、内容和文化背景等层面,引导学生领会不同时代、地区、民族和国家的美术家、设计师和工艺师表达思想、情感和创意的方式。[①] 学习奉贤纸艺,首先需要了解奉贤纸艺的发展历史、基本技法与基本纹样,知道奉贤纸艺曾经表现的内容——经典故事、生活情景。在学习前,作为项目化学习的调研探究任务,鼓励学生以小组为单位,选择纸艺的一个门类所表现的内容进行调查研究。网络资料比较单一,鼓励学生进一步从硕博论文以及书籍报刊中获得有效资料,并且通过小组讨论筛选,制作PPT,交流展示,各小组相互评价并补充。在此过程中,记录研究的思考过程、讨论话题及结果,完成一个纸艺学习的研究报告,深入了解奉贤纸艺某一门类的发展、表现内容及制作手法,比如,研究奉贤纸艺的历史,分别了解剪纸、刻纸、折纸的发展,了解其主要表现的内容。通过调研,学生可以更加主动地获得相关资料,分析各类探究时收集的文字、图案资料,增加对奉贤纸艺的了解,加深对奉贤纸艺的感受。

奉贤传统纸艺术品所传达的亲和温暖,带给我们温顺、体贴、关怀的感觉,让人产生自然、朴素、怀旧的沉浸感。这种以纸为素材,使用刀具塑型的工艺,结合了绘画及雕塑之美,由平面艺术向立体艺术方向发展,产生了有趣的光影变化,通过切、剪、折、卷、叠、粘等技法,创作出变化无穷的纸艺作品。奉贤纸艺在人民生活中所营造的氛围感,伴随着奉贤劳动人民一路从海塘时代走来,而这种仪式性的代入感,可以使人们忘却生活中的烦恼。这样的"清流"不论是作为传统工艺美学还是现代风格的装饰品,或用以表达创作者的个人思想情感与审美品位,都是具有独特意义的。因此,抢救、保护纸艺文化遗产成了这个时代教育教学责无旁贷的使命。

---

① 中华人民共和国教育部.义务教育艺术课程标准(2022年版)[S].北京:北京师范大学出版社,2022:64.

在教学案例《剪纸艺术的发展》中，通过对奉贤传统剪纸艺术的调研，促进学生了解剪纸，走进奉贤剪纸艺术的发展历程，了解奉贤乡土纸艺中剪纸的艺术特色。具体案例如下：

- 教学案例：剪纸艺术的发展

问题：剪纸的发展历史是怎么样的？为什么剪纸广泛传播？

剪纸是中国最普及的民间传统装饰艺术之一。大约因其材料易得、成本低廉、效果立见、适应面广而广泛传播；更因它适合农村妇女闲暇制作，既可作实用物，又可美化生活。全国各地都能见到剪纸，甚至形成了不同地方风格流派。剪纸不仅表现了群众的审美爱好，蕴含着民族的社会深层心理，而且是中国最具特色的民间艺术之一，其造型特点尤其值得研究。

问题：传统的剪纸在生活中有什么实用性？

剪纸创意一般来自劳动人民的生活，尤其是农民的生活。剪纸创作者用灵巧的双手，将质朴的情感、美好的愿望和对幸福生活的追求融入剪纸作品中，集观赏性、趣味性和知识性于一体，使剪纸艺术充满浓郁的乡土气息和艺术魅力，满足人们的文化生活需要。过去，人们习惯于制作各种形式的纸人和雕像，并在葬礼上与死者一起焚烧，这一习俗至今仍然可见。此外，剪纸也被用作祭祀祖先和神灵的装饰品。如今，剪纸仍常用于装饰墙壁、柱子、门窗、灯具、镜子等，也可以用来装饰礼品包装，甚至剪纸本身也可以作为艺术品送给别人。

二、奉贤纸艺表现的经典手法

清雍正年间，折纸、刻纸与剪纸就已经作为奉贤地区的乡土纸艺广泛流传于民间，作为民间工艺美术资源，培育着富有地方特色的群众美术活动。纸艺的表现内容丰富，纸艺不仅存在于田间地头，作为民间节庆和红白喜事的辅佐道具，满足营造气氛之需，而且在一些稍有经济、文化背景的宅院内外，成为老人、妇女、儿童休闲、游戏的项目，与生活息息相关。奉贤剪纸艺术的特点是象征性寓意和质朴鲜明的造型，常常通过方言谐音、寓意、隐喻三种方式来赋予造型上的象征意义。剪纸、刻纸的内容往往是本地区流传的故事，非遗传承人将其与现代文化元素相融合，并且内化重组，产生新的造型、运用不同的色彩，从而产生新的视觉美感。

剪纸与刻纸一种是剪的艺术、一种是刻的艺术。从剪纸艺术规整、简洁的形象分析，明显带有汉画像艺术的影子，传承的是汉文化大度、大美的艺术风格。奉贤剪纸更加强调剪、刻技法与美学方面的融合，将传统刻纸艺术与绘画、版画相融合，运用阴刻、阳刻、套色以及色彩渐变等多种方法来表现图案，善于用图案纹样来调整画面黑白关系，在民间传统的基础上融入现代审美意识，在抽象中加入现实意境，散发着刻纸特有的灵气,不仅构图生动活泼,细腻的线条更是丝丝相扣。奉贤的折纸艺术基于长短直线及其分组结构,但要求创作者具有创新思维和造型技巧。因此,折纸艺术家必须具备丰富的动物学、造型学知识,以及对颜色、比例和形态的敏感度和把握能力,才能够创作出逼真、生动的动物折纸作品。趋于形体结构的表现,更多地将作品表现得生活化、艺术化。

纸艺传承人周宝才

三、奉贤纸艺展现生活情景

新课标关于六七年级情境素材建议:本学段教学时,教师要创设丰富多彩的教学情境,综合运用多种教学方法和形象直观的教学手段,结合6—7年级学生的生活经验,围绕本学段的学习任务,发掘与学生生活经验相关或学生感兴趣的素材。①

奉贤纸艺课程强调学习用传统工艺的方法制作纸艺,知道各时代中国传统纸艺在传承古老技艺的同时也在不断创新,了解奉贤纸艺的时代特征与辉煌历史。在课程结构的设定上,以改变学习方式为突破口,让学生运用多种形式调查研究身边的纸艺,在调查、访谈中走出课堂的固定学习模式,让纸艺走进学生的生活,让学生体会身边的纸艺,让学生以纸艺创作代替绘画,表达自己对于传统民间文化的理解,反映自身对于美好生活、周边环境、社会经验的内在认知,满足学生对于生活的艺术表现。

感知各种纸艺工艺所呈现的不同的艺术美感。比如,民间剪纸、刻纸以特有的风格与精细的刻画手法在老百姓的日常生活中产生、流传、演变,反映着本地区人民对生活的感受、爱憎、祈盼和寄托。民间折纸看似简单的纸面等分,实则涉及比较复杂的纸平面可折性、曲面可展性(如徐菊洪老师的《大闸蟹》《狮子》《蜘蛛》等折纸作品的壳体必须以不破为前提,在整张平面的纸上展开),这样高难度的民间折纸传承创意者的形象思维,更要求其对于空间结构作数学思考。

---

① 中华人民共和国教育部.义务教育艺术学科课程标准(2022年版)[S].北京:北京师范大学出版社,2022:66.

《大闸蟹》　　　　　　　　　　　《狮子》

新课标强调突出课程综合,要求以各艺术学科为主体,加强与其他艺术的融合。① 奉贤纸艺课程属于守正传统的"制作"主题学习内容,不同的训练贴近现实中不同年龄段学生的审美感知与文化理解。因此,基于新课标的要求和艺术学科的特征,对于学生来说,需运用多种纸艺表现技法与手段进行传统纸艺的练习与创作,针对节日、喜庆等不同主题,通过调查、探究、讨论、理解传统纸艺所表达的纹样寓意,模仿纸艺技法、传统纸艺作品表达的内容进行重新创作。引导学生结合自身感受表达对本地生活的美好愿景的感受和祈愿,知道中国传统纸艺代代相传的优良传统,激发其通过传统纸艺创作表达情感和思想。适度给予学生一定的纸艺基础技能训练,提供查找参考资料的渠道,运用剪、刻、折、叠、编、卷曲等方法制作纸艺作品,了解传统纸艺的主要制作流程,认识每一种传统纸艺都值得我们保护与传承。

折纸香蕉　　　　　　　　　　折纸作品

徐菊洪南桥镇折纸活动

---

① 中华人民共和国教育部.义务教育艺术课程标准(2022 年版)[S].北京:北京师范大学出版社,2022:2.

第二节　奉贤纸艺的创新内容

一、奉贤特色文化新地标

习近平总书记指出："文化自信是一个国家、一个民族发展中最基本、最深沉、最持久的力量。"今天，奉贤新城作为上海重点建设的新城，新文旅地标精彩不断。这座"未来之城"的文化之美、产业之兴、生态之靓，使我们对家乡充满了文化自信。

奉贤区立足"新片区西部门户、南上海城市中心、长三角活力新城"，努力打造富有人性化、人文化、人情味的人民城市，建设创新之城、公园之城、数字之城、消费之城、文化创意之都，打造"独立、无边界、遇见未见"的奉贤新城。目前正积极营造具有"十里运河、千年古镇、一川烟雨、万家灯火"景象的江南新景观，逐步展现"十字水街，田字绿廊。九宫格里看天下，一朝梦回五千年"的城市形象。更重要的是弘扬和传承"德美文化"，培育城市软实力。一座座拔地而起的公共文化地标，为奉贤新城增添了一张张新的城市名片，为奉贤新城打造总部经济集群、诗意生活之地、文化创意成长之地奠定了坚实的基础。

新课标中"我们与设计同行"的教学重点:确立基于项目的学习任务与学习目标，引导学生学习设计师的思考与工作方式;引导学生采用实地考察、访谈等方式观察并记录自然环境、社区活动的现状与特征，自主发现与生态环境、美好生活相关的设计问题;指导学生根据设计需求进行分析和讨论，筛选想法，提出设计目标，制订设计方案，并以手绘草图、实物模型或动画、微电影等方式呈现设计成果，在班级、学校及社区进行展示、交流与验证评价;注重引导学生理解"设计满足实用功能与审美价值，传递社会责任"。①

生活场景是自古以来常见的纸艺表现内容之一，房屋、景观、人物等元素的变化体现了时代的变迁。当代奉贤发展日新月异，奉贤作为一个南上海文化的中心建起了很多文化新地标。以纸艺表现奉贤文化新地标成为纸艺课堂的新任务。

作为这座城市的主人，学生感受着别样的美，对它的发展和未来充满期待。"奉贤

---

① 中华人民共和国教育部.义务教育艺术课程标准(2022 年版)[S].北京:北京师范大学出版社，2022:72.

文化地标标志设计"单元正是在赏析奉贤当下的文化地标、了解奉贤未来发展规划后展开的教学。

● 教学案例：奉贤文化地标标志设计

教师展示学习任务：

为当代奉贤制作一个表现奉贤文化地标的纸艺 logo。

学生收集相关资料：

位于奉贤区的东方美谷大道于 2022 年 3 月 1 日起正式启用。"生产、生态、生活""三生"融合的东方美谷大道处处洋溢着融合之美，全长约 23.8 公里。

东方美谷大道

上海首个沉浸式主题森林夜游——LUMINA 幻光森林。领略过白日里的鸟语花香，夜幕降临后，一场前所未有的感官盛宴，将等你来全景式沉浸体验！从白天到夜晚，各有其美。

彰显文化底蕴的城市"文化园林"——言子书院。奉贤是言子晚年传学的最后一站，言子书院以"言子的传学之路"为设计理念，集博物展览、教学书院、学术交流功能为一体，这里成了一处可让人近距离亲近、接触奉贤人文精神的教育殿堂。

LUMINA 幻光森林　　　　　　　　　　言子书院

在水一方

"在水一方"外形一层像起伏的山谷，二层像一片云轻柔飘落在山谷中，在湖水的掩映下显得轻盈而通透。"在水一方"集音乐演奏空间、阅览空间、演讲空间、亲子活动空间、开放式展览空间、电竞空间等为一体，是一处实用性极强的公共活动复合空间。

众多新文化地标的崛起,为奉贤人民带来全新的文化体验。新文化地标也带领奉贤人民穿越古今,认识奉贤的前世今生。学生通过筛选图形,融合古今各类特色文化建筑,用奉贤纸艺这一传统的艺术表现技能,设计了纸艺奉贤文化地标logo。

上海之鱼 logo 学生作业

"海之花"logo　　　　　　　　　　"奉贤"万豪酒店 logo

"奉贤图书馆"logo　　　　　　　　"奉贤博物馆"logo

新课标关于开放课程资源建议:为了更有效地开展综合性和探究性教学,提高学习效益,必须秉持开放的课程资源观。在保证国家课程资源切实落地的同时,地方教育行政部门、教研部门和学校应提供支持和便利,帮助教师开发和利用各种公共文化资源。鼓励学校与美术馆、博物馆、音乐厅、歌剧院、影院、青少年宫、社区和新时代文明实践中心,以及当地社区艺术家工作室和民间艺术作坊携手,开展多种形式的艺术教育教学活动,以便通过优质校外艺术资源共享,提升艺术教学的质量。① 本项目根据任务要求学生

---

① 中华人民共和国教育部.义务教育艺术课程标准(2022年版)[S].北京:北京师范大学出版社,2022:121.

走出教室,实地感受奉贤文化地标的空间氛围,到奉贤的贤园去了解奉贤自古以来贤人的事迹,亲身感受那里的文化气息,观赏非遗传承人的创作过程。

学生通过亲身体验,能更多地感受生活中的变化,感受民间艺术的创作背景,从而对纸艺创作内容的来历、创作过程、纸艺作品的作用、对奉贤本地域人民的生活面貌有更深刻的了解。

因此,在奉贤文化地标这一内容中,笔者使用两个任务进行分解:

1. 打卡"上海之鱼"与周边文化场地

学生在走进历史、走入社会、贴近生活的同时,能更好地感知奉贤传统文化与纸艺表现的博大精深,从而更加热爱千百年来祖先留下来的宝贵文化遗产,培养爱国热情、民族自信心,树立传承民间文化、报效伟大祖国的远大理想。

上海之鱼

走近"上海之鱼",调研奉贤区古今各类文化场地,为奉贤文化新地标设计创意纸艺的项目活动,可以让学生更多地了解奉贤文化地标、了解奉贤特色建筑和人文,并且使用纸艺的方法进行创意表达,体会跨出校园学习的乐趣。

通过打卡"上海之鱼"与周边文化场地项目的实施,在设置项目任务的前提下充分调动学生的学习兴趣,采用项目教学的方式,倡导用走出校园、走进社会的学习方法创作奉贤新地标纸艺作品,鼓励在分享中进一步改进作品的创作,跨学科培养学生解决问题的能力、知识迁移的能力和创新生活的能力。

2. 奉贤贤人知多少

在许慎的《说文解字》中,"贤"字作如下解释:"贤,多才也。"特指有才德的人。"奉"字作如下解释:"奉,承也。手部曰承、奉也。"特指用两手奉长者之手,以示恭敬。可见,"奉贤"两字在文字学层面,其原义是"尊奉才德之人"。

奉贤,命名来源于"敬奉贤人"。自从言子来到奉贤设立塾馆传授礼仪文化,奉贤民风逐渐文明起来。人们知书识礼,学会使用工具将沧海变成了桑田。在漫长的历史进程中,奉贤名人辈出,奉贤的文脉不断地得以传承。

宋朝的奉贤进士卫肤敏以他的知识、智慧和勇气赢得了皇帝和同乡们的赞誉。到了南宋时,奉贤萧塘状元卫泾为官十四年疾恶如仇,著有代代相传的《后乐集》五十卷。青村张弼一门三进士,开创了草书艺术的新境界,被誉为"吴中草圣",他主张"书贵自得""书如其人"。在奉贤历史上,先贤众多,时至今日,仍有乡贤为奉贤争光,展现了"奉贤"的光荣传承。还有很多不为大众所熟知的人物,如聂豹、俞兆岳、程午嘉、孙文明、滕白也等。

通过调查奉贤"贤人贤事",展示奉贤人们"敬奉贤人"的优秀传统,学生们进一步树立了热爱家乡的情怀。

二、融合课程下的校园生活

（一）学科内纵向融合

依据新课标分析学情,研发美术学科目标体系,梳理每个年级学生应当达成的学习水平及教师的实施策略,搭建课程标准与学科教材之间的桥梁。明确本学科知识、能力的经纬线,并以此为依据,较清楚地把握教学目标、教学重点和难点,合理确定教学内容,为优质的课堂教学提供保障。

基于新课标设计奉贤纸艺守正传统系列课程,通过欣赏奉贤纸艺各阶段的作品,以其直观的艺术形象作用于学生的情感。接受本地区人民对生活的祈愿和道德观的教育,鼓励学生以建构图形的方式梳理奉贤纸艺的相关知识,提炼核心要素及关键技法。

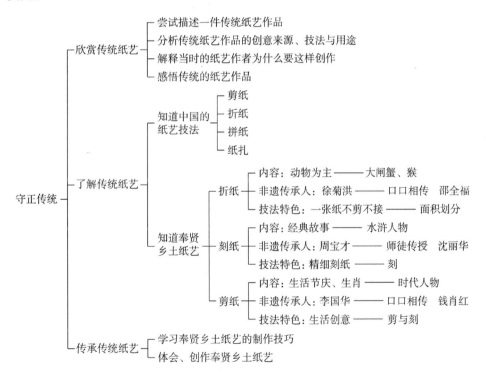

守正传统纸艺内容框架

（二）学科间破壁融合

根据学生学习的需要,打破泾渭分明的学科界限,以相关的主题、问题、概念、基本学习内容连接不同门类的艺术。围绕育人目标,目前开发的纸艺动画融合课程就是为了使学生建立系统的思维方式,体验知识之间的联系,实现学习领导力的提升。

当代的校园有着丰富的学习课程和课余体验,校园生活对于当代学生来说也是纸艺创作的一项内容。学生在创作时大都以组合老师、同学和校园设施为主,呈现出多彩的校园生活、学生眼中有趣的场景以及学生对于学习的心灵思考等。

各类学科知识的学习都有助于学生理解和探究纸艺技法,而纸艺的学习也能促进学生用跨学科知识表现生活的场景。例如,在地理课上学习福建土楼之后,学生产生纸艺创作的想法,便以纸艺技法作为媒介,尝试制作了刻纸土楼,表达了自己对于地理知识的理解。在美术课上学习图形联想内容时,也选用纸艺作品作为艺术创作的一种形式。

学生作品

三、奉贤非遗与特色纸艺

上海奉贤,沿海带河,人杰地灵,形成了今天的大美奉贤和丰富多彩的非物质遗产。

奉贤文物　　　　　　　　奉贤发掘 5000 年前古墓

　　奉贤非物质文化遗产很多仍是当今人们的生活必需品和最生动的文化艺术,蕴含着我们祖先的文化价值观、思想智慧和实践经验。

　　一座城市的魅力在于其历史底蕴和文化内涵,而非物质文化遗产是城市最直接、最具体、最现实的文化符号之一。奉贤的非遗艺术众多,更有一项传承了 700 年的民间技艺被列为国家级非物质文化遗产,是被称为"百灯之首"、堪称"中华一绝"的奉贤滚灯,有"掷烛腾空稳,推球滚地轻"一说。此外,奉贤皮影也是一项古老的非遗艺术项目,属浙江海宁派,皮影造型独特,以本地山歌为原型的唱腔,加之吹、拉、弹、打等伴奏乐器,形成了上海浦东派皮影戏表演独特艺术,具有很高的文化价值内涵。

　　调研奉贤非遗项目并且尝试梳理奉贤乡土纸艺与国家教材之间的交叉点,在国家基础型课程中落实用奉贤纸艺表现奉贤非遗项目,鼓励学生进一步感受美丽家乡的魅力,创作纸艺作品。

　　根据奉贤纸艺核心知识的递进关系,尊重学生的认知规律与发展水平,依据学生的年龄特点和学习情况,重新划分各年级的学习主题内容,分别按照年级、主题以及综合资源,重新规划单元设计。

　　奉贤传统纸艺的学习内容主要包括了解奉贤纸艺的种类、学习奉贤传统纸艺的技法和寓意表现方法、尝试创作奉贤传统纸艺。根据不同年级学生的特点和学习水平、技能的难易程度以及构思维度各有侧重,低年段的学生侧重于了解奉贤传统纸艺的不同类型、特点和技法,知道奉贤乡土纸艺传承人以及各自的代表作品,初步学会折、剪、刻等基本纸艺制作技法,能正确使用工具,探索奉贤纸艺流传演变的规律,并能根据生活体验进行设计制作。高年段的学生侧重于理解奉贤纸艺的特性,学习剪与刻的方法、纸张分配技法等高阶纸艺技法,并能根据主题确定表现形式与重点,选择合适的工具和技法,运用一定的形式原理进行创作和表现。

　　奉贤特色纸艺动画融合课程以项目化实施为途径,将传统奉贤乡土纸艺的守正课程进行分年级实施,旨在鼓励学生对奉贤乡土纸艺进行深度学习,调查渊源、探访传承人等,更好的认识奉贤传统文化,了解生活着的家乡的人文精神。

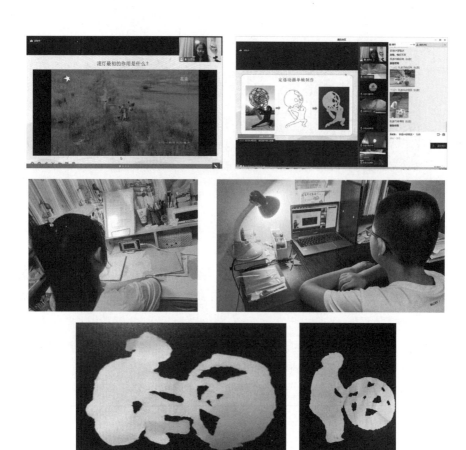

滚灯撕纸线上教学

第七章

融合奉贤特色纸艺动画课程的创意实践：表现形式

奉贤特色纸艺动画课程的实践是一个开放的过程。通过综合艺术和信息技术等学科的相关内容，结合传统纸艺与当代技术，力求跨学科整合，创新传统纸艺表现，以课堂实践、社团延伸、校外拓展等多渠道推进，努力促进学生学习能力的不断提升。

时代的发展使人们开始追求精神层面的富足,继承发扬中华优秀传统文化已成为主流,若将纸艺基于本土文化作进一步的探索与发展,势必会引起广大群众的关注,设计制作出的纸艺作品也会具有丰富的意义与价值。

一、多种技法的现代表现

传统的奉贤乡土纸艺技法是传承了广为流传的剪、刻、折等手法,而当代纸艺创作需在原有技法的基础上,融合当代技术和信息化的手段将之改进。当代技术、表达内容和信息化设备达到一定的程度,在机械可以代替手工艺的情况下,我们首先考虑的是更新内容,使之与时代相符,有表达时代特征的符号,其次在审美表达中也应该有时代特征,符合当代人的审美需求,最后形式的转变更能适应当代社会生活的需求。

二、数字技术的纸艺运用

随着时代的变迁、科技的进步,我们现在的生活已经完全不同以往,但文化的保护与传承是人类永恒的课题。随着数字技术在文化、旅游和传播领域中的应用,文化保护的方式更加多样化。信息技术飞速发展,数字媒体技术运用日益遍布,被运用到了越来越多的领域,为我们的生活提供了许多便捷,也让我们的生活方式发生了改变。

民间纸艺作为我国非物质文化遗产的重要组成部分,对其进行数字化保护是非常有必要的。通过图像处理技术、3D建模技术精细整理珍贵的资料,建立贴合文化认知需求的数字档案馆。利用设计工具的数字应用程序实现文化资源的整合,有助于对纸艺再创作的进一步保护和传承。

学生网络资源查找的纸艺资料

在青溪老街模型创作的初期,由于受新冠疫情的影响,教师最初没能带领所有学生对青溪老街进行实地走访与考察,部分学生仅能通过自主上网搜寻青溪老街相关的资料以及教师拍摄的青溪老街实景照片、房屋的测量数据作为参考。

我校学生在六年级时已经掌握了传统剪纸基本的技法和步骤,因此对于传统剪纸的剪、刻非常熟悉,在七年级时又会时常进行巩固加强练习,每个学期也会经常接触一些相类似的纸艺材料课程,知识的迁移和运用能力较好。传统的蜡光纸、薄卡纸与宣纸在过去的剪纸课堂上使用较多,其价格也相对便宜,但是这些材料纸质薄脆,经过光照过后又容易褪色泛黄,且不耐保存。基于此,为了使此次青溪老街纸艺模型作品更加结实、牢固且富有视觉冲击力,选用的材质分别为 2 mm、3 mm 与 4 mm 厚度的瓦楞纸,运用白色与黑色的瓦楞纸来区分老街房屋的墙体与屋顶部分。学生之前从未接触过这样厚度的瓦楞纸,在自主尝试探究和教师细致示范青溪老街模型的制作方法之后,学生两两组队,配合默契、齐心协力,根据测量房屋的实际数据缩小比例,融合艺术创作手法进行纸艺制作。在处理房屋墙面和屋顶时,由于切割块面积大,切割线条均以直线为主,所以学生们的速度很快、效率很高,不一会儿工夫,一幢幢房屋模型"拔地而起",青溪老街模型的基本雏形就呈现出来了。

学生课堂制作 学生老街作品

此次青溪老街纸艺模型最为精细、复杂的部分与雕刻的难点是老街房屋中窗框和门框的精巧纹样,和以往传统剪纸所常用的轻薄红纸相比,带有厚度的瓦楞纸需要学生花费更多的精力与耐心来进行剪、刻。在操作时,男生和女生的力道也有所不同,稍有不慎或使用刻刀的力度不当就很容易造成细节处的断裂与破损,这增加了作品的制作时长和学生使用刻刀的风险。教师通过作品对比之后还发现,因没有见过花窗纹样实物,部分学生对花窗纹样结构不了解,雕刻的轨迹和草图上的草稿线条没有精准对齐,少数学生还因为纹样的复杂性而缺乏耐心,因而其作品看起来略带随意性。此外,教师还观察到大多数学生手工雕刻出来的线条轨迹普遍都较为粗糙且有毛边,这样也极大影响了作品的美观性。如若在全部刻完一遍后再对毛边进行精修,也会大大降低青溪老街纸艺模型的制作效率。

学生老街作品

为了解决这一困难,教师立即请学生分小组对这一问题进行思考与探究。所有小组第一时间积极行动了起来,有的小组运用平板电脑上网搜寻资料,有些小组则尝试运用不同的雕刻力道与剪、刻技法。在所有师生共同努力、相互配合下,经过不断地研究与实验,最终决定运用信息技术手段来解决青溪老街纸艺模型复杂花窗纹样的雕刻问题,将传统与创新相融合。

纸艺教学的目的不单单是掌握传统剪、刻的技法,还在于探索信息技术与艺术教学的深度融合,提升学生的艺术专业素养,使学生积极灵活地运用信息技术,适应现代社会的变化,学生在实践中感悟艺术,建构知识,积累艺术经验,从而发现并解决实际问题。

教师要善于引导学生将弘扬中华优秀传统文化和发展信息文化有机统一起来,学会提炼传统作品彰显的精神气象和人文情怀,让学生在传承中求发展、在发展中求传承。

此次研究过程中的内容设计始终以五大核心素养为指导思想,既让我校学生学会识图、理解、思考、归纳、创新,又锻炼了他们克服困难的意志,同时让学生感受和认识美的独特性与多样性,在学习、创作的过程中对传统文化有深刻体会和理解,增强人文底蕴,使学生的艺术素养得到不同程度的发展与提高。

(一) 运用 App 制图

近年来,素质教育中的美育教育已经成为国家政策大力扶持的方向。随着智能手机的迅速发展,手机上的第三方应用程序(简称 App)逐渐丰富,一些投屏软件如希沃授课助手、学习通等的出现,使多媒体教学方式日益普及,美术教师运用多媒体进行辅助教学,使课堂有创新。

让手机和电脑的交互成为现实,这种新方式的出现打破了多媒体教学固有的模式,也是教育信息化2.0的发展目标和前进方向。以 Cricut 雕刻操作为例:

● 教学案例:Cricut(雕刻机)App 操作

首先,打开 Cricut,进入初始界面后,需要先注册账号并登录。点击"新建项目",选择功能键"上传",从图库中选择提前准备好的花窗纹样或门框纹样的素材,并使用界面下方的工具来调整图片,可以放大或缩小界面,不需要的部分可以使用"移除"或"擦除"功能,还可以用"剪裁"功能来调整图片大小。之后,用"改进"功能对纹样进行精修,使用"去斑"功能可以将一些多余的小细节或小瑕疵一键清除,使用"平滑"工具则可以将不完美的线条进行一键美化。紧接着的步骤是输入素材名称,点击"保存"之后,素材就会被上传至软件自带的作品图片库。这时选定一张素材图片并点击"插入"键,图片就会被一键导入到 Cricut 的主操作界面,选中素材并调整相应大小。最后,点击"制作",选择"在垫板上切割"选项,仅需要几分钟,作品便快速且精准地切割完成了。

（二）运用 Cricut 技术辅助纸艺创作

现如今,计算机与网络信息技术深刻地改变着教与学的方式,美术的教与学也在信息化环境下发生着相应的变化。新课标指出:在信息化的环境下,应与时俱进地引导学生充分运用现代信息技术开展自主、合作和探究的学习。学生要适应信息文明要求和未来社会挑战,运用美术学科核心观念,通过学科实践,培养解决复杂问题的高级能力与技术能力。Cricut Explore Air3 功能性强大,可切割的材料种类丰富,学生可以以小组为单位尽情发挥想象力和创造力,进行现场创作与操作。

Cricut Explore Air3 是一款便携小巧的智能切割机,能轻松操作并用途广泛,可拓展"切割""书写""修饰"等工具,能切割 100 多种材料,包括纸张、卡片、海报板等,操作简易,速度快,精准度高。它可以切割出卡片并在想要的地方印上所需信息,也可以切割出个性化装饰、学校博览会项目、书籍报告或者海报等,满足所有 DIY 切割的需求。

教师与学生经过不断探索与实验,最终选择运用 Cricut 辅助纸艺创作,这一过程也有助于学生逐步形成适应个人终身发展和社会发展需要的必备品格和关键能力。同时,也让学生感受到传统文化与信息技术的联系,了解到信息技术的丰富性与多样性,提升了自身美术思维的高度,也激发了学生对纸艺与社会节奏、城市特点融合的创作热情与灵感,实现把艺术融入生活,在创造艺术美的过程中让学生获得美的感受与体验。

（三）App 辅助纸艺动画创作

动画作为一种信息传递的表达方式,比平面漫画具有更强的设计元素。它将声音、动作、艺术与信息相结合,并以丰富的艺术方式表现出来。它逐渐成为每个学生都能操作的日常创意方式。随着应用媒体的演变,动画经历了从屏幕到智能终端、从视听到感知、从叙事到功能的一系列变化。我们也可以在手机或其他智能终端上深刻地感受到制作动画的乐趣。因此,在移动智能终端的动画创作中,具有日常生活和地域特色的文化故事的创作改变和丰富了信息的传递方式,更大程度上提高了纸艺创作的可用性。

使用智能 App 制作纸艺动画,简单易学,效率高,易于修改,内置预设效果好,完全可以满足课堂上纸上动画创作的基本功能要求。通过整合故事、音乐选择与创作、纸艺人物、背景等内容,让学生在创作纸艺动画时能够高效愉快地完成学习任务,达到预期目的。

三、创新纸艺的现代展示

在纸艺动画融合课程的课堂教学中,展示与评价是一个重要教学环节,是一项具体的教学活动,是师生、生生互动的具体表现。展示是合作交流、是个性张扬、是思维火花的绽放与碰撞、是知识形成的一个过程。评价是知识的感性认定、理性研讨、方法的比较与优化,是知识内化的一个过程。此环节教学的优劣,直接影响着学生知识的认定、思维的发展、能力的培养、教学效益的提高。通过"奉贤特色纸艺动画融合课程",深入开展课堂展示与评价的研究,就是要把握展示与评价的时机、方法和力度,从而提高课堂教学效率和效益。

通过奉贤特色纸艺动画课程作品的多种展示活动,教师与学生相互促进。教师在课程实施过程中得到锻炼与发展,在不断积累教学经验的过程中,充实自己、充实纸艺课程。学生是纸艺动画融合课程建设的生力军,是参与课程开发的核心,也是课程实施的着眼点和落脚点。纸艺课程要经历学生体验、学习、共享和批判等过程,课程的知识与技能、过程与方法、思想与文化逐步为学生所掌握。课程实施的目的是拓展学生的视野,丰富学生的经历,促进学生的个性与特长发展,具体来说,特色课程应该具有益智增趣、体验超越、实践创生的价值取向等。

(一) 美术课堂作业过程展示

美术课堂作业展是一个丰富、立体、饱满的展示平台。教师注重教育细节的优化,通过选择多层次的展示内容,既强调过程性和结果性的并重,又注重部分性和全体性的并举,以丰富理想的美术教育教学活动。

1. 过程展示与结果展示并重

在美术课堂作业的展示中,既需要展现最终作品的效果,也需要展示学生在创作过程中的思考和实践。教学过程的呈现是教学成果展示的重要内容,良好的结果和严谨的过程是相辅相成的,课堂作业过程性的展示可以达到不同的教学目的,可以帮助学生更好地理解和掌握美术创作的技巧和方法,也可以让其他同学了解创作的整个过程。在展示过程中,教师可以邀请学生分享他们的创作经历和心得,让学生互相学习和借鉴。这样不仅可以提高学生的综合素质,而且可以促进学生的创造力和创新思维。

在奉贤特色纸艺动画融合课程的教学过程中,课堂展示是贯穿整个课堂乃至整个单元的,可以是单幅作业成果的展示,可以是整个研究过程的 PPT、展板或视频的展示,也可以是失败作品的展示。每一次作业展示都引导学生通过自己的作品进行思考和总结,学生的作品更具有说服力,也更容易被理解。学生课堂作业结果性的展示更是引导学生明确教学目的、重温教学内容、强化学生学习的过程。

学生在完成整个作业的创作过程中,多数同学可能会出现倾向性问题,教师应当直接进行展示并针对问题进行纠正;抑或将不错的创意点在创作过程中进行展示,也可以起到激发学生灵感和兴趣的有效作用。从时间的维度上,将学生作业进行生成过程中和完成结果后的多维度的展示,是对提高教学中学生遇到的问题进行纠正的有效手段。

教育教学活动要注重教学目的的明确,所以课堂作业展更是一个展示学生创作成果的平台。为了让课堂作业展更有意义,既要注重过程性的展示,又要注重结果性的展示。过程性的展示可以让学生更好地了解自己的学习过程和成长轨迹,激发他们的学习兴趣和动力;结果性的展示可以让学生更好地展示自己的学习成果和创作能力,激发他们的自信心和创造力。因此,在设计课堂作业展时,应注重展示内容的多样性和立体性,让学生能够全面展现自己的学习成果和创作能力,同时明确展示需要达到的教学目的,让学生的课堂作业展更加有意义。

在《走进汉服》一课的教学环节中,学生将学习如何通过运用选择能力、发展构思能力和创作能力设计三个活动。学生将经过自主探究,在每个教学环节中取得不同的收获。如第一个活动"欣赏汉服,寻找共性",教师在展板上展示学生收集到的素材以及小组讨论的结果,对于没有理解汉服特征的学生可以有一个直观的引导,过程性的展示更注重每个阶段的教学目的达成情况。最终的作品展示,教师将学生创作的汉服作品贴到具有古风特色的背景展板上,并进行简单的装裱和装饰,更能凸显汉服古朴典雅的气质。在这节课中,有三次课堂作业展示,前两次是课堂不同阶段的过程性展示,最后一次是学生课堂作业的结果性展示。不同的展示都引导学生明确不同的教学目的。因此,学生的课堂作业并不仅限于最后完成的一幅作品,在教学过程中、在绘画创作过程中,都是可以进行有效展示的,课堂作业展示必须注重过程性和结果性并重。

2. 部分展示与全体展示并举

在美术课堂作业的展示中,不仅可以展示学生个人的作品,同时也可以展示班级或全体学生的作品。在展示学生作品时,传统做法是由教师从自己的审美角度去挑选展示内容,这样的选择,时间久了会让学生习惯迎合教师的审美失去了自己作品的风格和思想。同时,许多学生也没有展示的机会,从而不断打击学生的创作热情和自信心。奉贤特色纸艺创作课堂教学为了克服这些问题,教师鼓励学生多方位地利用教室中可利用的材料来进行有效展示,在尽可能呈现所有学生的作品成果的同时,更多采用电子化的展示方式。

总之,在纸艺课堂作业展示中,需要教师有一双发现闪光点的眼睛。通过有效的展示方式,不拘泥于某一种方式来限定孩子们的想象,鼓励让学生更好地展示自己的作品,同时也可以促进学生的创造力和创新思维。教师充分挖掘和利用教学环境中的各种资源,为学生提供更多的展示机会和方式,帮助学生充分展示自己的创意和想象力。

纸艺特色作品创作的课堂作业展示内容,因不同学生接受的家庭熏陶、生活的环境不同,差异会很大,这种课堂更应使用及时给予鼓励的方式,这是展示项目作业的有效手段。

在《贤城桥韵》一课中,充分体现了将学生课堂作业展示的部分性与全体性的并举。这节课在完成纸立体石拱桥模型后,教师首先通过投影展示了几个学生的优秀石拱桥模型,让学生自己展示和点评,这是针对部分学生的作业展示。接下来,教师拿出一个江南水乡背景展示板,在展板上展示了学生们收集到的素材以及小组讨论的结果,对于没有理解石拱桥特征的同学可以有一个直观的引导,过程性的展示更注重每个阶段的教学目的。最终的作品展示,教师将学生创作的石拱桥作品贴到具有古风特色的背景展板上,对学生作品进行简单的装裱和装饰,更能凸显石拱桥的美丽和古朴气息。三次的课堂作业展示,前两次是课堂不同阶段的过程性展示,最后一次是学生课堂作业结果性的展示。这样全体学生作业展示不仅鼓励了学生自信心,同时也是课堂的点睛之笔,让这节课更加具有闪光点。不同的展示都引导学生明确不同的教学目的。

（二）美术课堂作业展示形式多样化

1. 平面与立体交互展示

纸艺动画作品的平面与立体交互展示,是一种将平面的传统纸艺作品与动画创作进行融合的展示方式。立体展示方式是将传统纸艺作品进行有深度的前后放置,展示一种情景式的互动。使用平面和立体相结合的展示方式,可以将纸艺创作与动画创作的各个过程、细节和特点全部呈现给观众。

平面纸艺作品和纸艺动画作品可以用来展示奉贤特色纸艺的完整外观和形态,立体展示奉贤特色纸艺作品则可以用来表现纸艺建构在奉贤特色的互动性效果。两种展示方式不仅可以让观众更好地了解奉贤特色纸艺动画作品的特点和特色,还可以让观众步入其中,进行互动感受。

《贤城桥韵》的课堂作业展示将平面展示和立体展示相呼应效果表现得淋漓尽致。从这节纸雕塑的课堂开始,教师在讲解什么是雕塑时,就运用了自己准备的展示台,将学生作品放上去,从不同角度呈现出不同的视觉效果,从而引出雕塑是可见可触的艺术形象。针对这一节课的内容特点,教师通过可以转动的道具展示,学生可以全方位地感受到雕塑是什么。在最后的作业展评环节,教师更是将学生作业的黑色底板、聚光灯、背景图、旋转展台等几个展示元素组合在一起,体现了雕塑在空间中的审美艺术,在课堂上展示了雕塑的魅力以及雕塑在生活中的搭配。学生的作品通过教师精心的展示,也呈现出更高的水准。

在平面与立体交互展示中,需要将平面图像和立体模型相结合,以呈现展品的各个细节和特点。在展示过程中,需要注意作品质量、组合方式和展示方式的选择,以确保展示效果的最大化。

纸艺创作的课堂作业展示过程中,注重学生美术作业不同角度的展示。《贤城桥韵》一课中,第二课时开始将平面作业立体化。为了将学生作品情景化地置入一座古桥中,可以展示数字融入的效果,既是平面的数字化展示,又可以模拟立体效果多维度展示。在美术课堂作业展示中,应根据教学内容的结构特点、课程类型和教学实际,采用不同的展示方式。

总之,在美术作品的展示中,展示形式应该根据作品本身的特点和观众的需求进行选择,以达到最好的展示效果。如在《走进汉服》这一课中,将最后的作业放在教师准备的背景展板中,通过汉服商店商品展示的方式,平面化展示学生作品,让学生理解汉服在生活中运用,让作品更加生动。

立体悬挂式展示可利用屋顶、墙面等空间,优点在于占用面积不大,但可以展示的作品较多,还可以在各班级巡回展示。如在《纸艺花灯》中,教师在窗户下拉一根线,或者在天花板对角拉一根线,在线上就可以展示多个作品。对于单独立体的悬挂式展示,可以选多种展架,还可以选择在生活中寻找废弃的树枝和伞架进行展示。

展台摆放式、多媒体展示等各类展示不仅能清晰地展示平面纸艺作品细节,也可以全方位立体展示作品。在展示作业的过程中配上音乐等多种形式,更容易将学生带入相应氛围中欣赏自己和同学们的作业。如在《青溪老街》一课中,学生进行古建筑拱门的造型练习后,一边展示学生作业一边放中国名曲《高山流水》,同学们在古风古韵的环境中欣赏感受。

2. 实物与虚拟跨界展示

学生作业的表现形式丰富,材料也是多样化发展,每一种作业形式都有自身的特点。作业展示活动自然也具有设计作品的一切特点,追求某种形式的美感。教室环境能利用的空间有墙面、柱子、屋顶、桌子板凳、教师制作的展示道具等,都是可以将作品进行平面和立体的展示。如何充分利用这些空间,运用合适的方法展示是值得教师探究的。

在作业展示环节中,我们可以利用多媒体等现代化教学手段展示学生作品。这样学生能够更直观地看到作业效果,更清晰地观赏大家的作品并进行评价,从而起到教育的作用。通过现代电脑软件的运用,例如编程、PhotoShop、3Dmax、VR 等技术的多维展示的应用,展示媒介的跨界多维和综合,让作品更加饱满生动。

3. 学习与成长过程并重

在奉贤特色纸艺动画融合课程的学习中,学习档案袋起到非常重要的作用。学习档案袋主要收集学生在本课程的学习过程中,发展变化的学习经历、构想草图、设计方案、纸艺作品、文字或图像资料等,包括自我评价以及他人评价的结果。学生在学习档案袋中,能自然对照本课程的教学要求和教师评价以及同学之间的相互评价,找出自己的差距。教师可以通过学习档案袋来了解学生的美术学习情况,包括学习成果、表现活动的内在心理定位等。这有助于教师提出针对性的建议与学习评价,促进学生在原有水平上的发展,有效提高学习质量。学习档案袋的建立促进了美术教学与评价的结合更加紧密,全面展示了学生的学习情况,并为师生对话提供了一个交流平台。

我国著名教育家叶圣陶曾经说过:"教育就是培养习惯。"在美术学习档案袋实施过程中,展示内容不应局限于美术作品。奉贤特色纸艺动画融合课程的学习展示,可以有优秀的奉贤特色与奉贤乡土纸艺的调查报告表、有课堂学习过程和纸艺动画作品的评价表,规范的学习档案袋整理也应是展示的内容,学生可以扬长避短,选择各自相对的强项,展示不同的技能,大大地激发学生的参与热情,增强学生的成就感,促进学生学习美术的信心。

四、创意纸艺课程的评价方法

运用多元评价方法。美术课堂学习评价的本质是为了学生美术学习的发展,所以在美术课堂中开展对学生的美术学习评价,需要通过合适的方式来掌握学生美术学习的信息、判断学生与教学目标的差距。教师在选择评价方法时应该考虑教学目标,同时针对评价活动的不同而采用不同的评价方式。

将"儿童中心论"运用于美术教育的代表人物是英国当代学者赫伯·里德和美国著名美术教育家维克多·罗恩菲德。里德在他 1958 年出版的《通过艺术的教育》(*Education through Art*)中指出,儿童与生俱来就有追求美好事物的能力,故能观察韵律及调和的现象,表现带情感的线条及协调的色彩等,因此,艺术教育只需给予信心及适当的表现技巧,即可让儿童自由发挥其内在潜能,教师只扮演鼓励的角色。罗恩菲德在 1957 年的著作《创造和心智成长》(*Creative and Mental Growth*)中与里德不谋而合地提出:美术教育在于提供儿童自我表现的机会,以发展他们的个性、智力和创造力。他认为儿童的创造乃是情绪、智能、生理、知觉、社会、审美与创造七个层面的发展特征的反映,即自发的本能的反映;教师只不过是材料供应者和鼓励者,"教"被视为伤害儿童的创造力或将成人标准强加给儿童;对于儿童的表现结果,绝不可以等第或以成人之见去评价,任何外在的评量都无益于儿童的自我表现,而且有碍美术教育内在的目的。他常以儿童作品的色彩、形状、构图等美感特质为评价标准,又认为,作品的美感特质不如创作的过程来得更重要。[①]

(一)即时评价

美术课堂中,即时评价能够对学生的学习行为与表现进行最及时的判断,通常强调鼓励、肯定,主要是以文字语言、肢体语言为主。这种评价可以带动课堂的学习氛围,学生能够从中获得肯定与鼓励,能够激发积极学习美术的兴趣。在进行即时评价时要注重评价的准确度,丰富即时评价的语言,注意既要生动有趣,又要适当地运用美术专业术语。即时评价的运用,能让学生感受到教师的时刻关注,会更加重视教师的建议。在进行即时评价时也可以结合奖章使用,从而做好即时评价的记录。

---

① [美]罗恩菲德.创造和心智成长[M].长沙:湖南美术出版社,1993.

（二）书面评语评价

学生在课堂中的优秀学习表现或是需要改进的学习表现，教师可以通过书面评语的形式记录下来。有效的评语能够促进教师与学生之间的交流与互动，学生能够发现自己的学习优势与不足，也同样能够让学生感到教师对自己的关注度，有效促进学生学习的兴趣。

评语要体现个性化。在书写评语时要针对学生的情况，要抓住学生的个人特点，写出个性。每位学生都是不同的个体，个人的性格特点不同，在学习的过程中呈现不同的状态。因此在写评语时，要抓住学生在课堂学习过程中某一面或是某些方面的突出特点进行书面语言的描述，既可以让学生感受到被关注，又可以凸显学生个人的闪光点。

书面评语内容要具体化。在书写评语的过程中，多写具体化的"行为表现"。教师评价一位学生在美术课堂中"表现积极"，就应该将具体的积极表现的行为写出来。课堂中有不错表现的学生，要积极肯定地进行评价，要具体说明什么方面表现好。对于课堂中美术学习表现不理想的学生也要就需要改进的地方委婉表达，真实有效。义务教育阶段美术教育注重培养学生对于美术学习的兴趣，教师要注意评语的真实有效性，用词要诚恳。书面评语评价一定是在学生学习的客观事实基础上的评价，真实的评语才能切实地帮助学生，同时要注意表达委婉。

（三）展示评价

学生作品的展示，可以是在本班的教室、校园的走廊进行展览，或是以举办画展的形式展出，还可以通过网络形式，或是借助电子媒介，如 PPT 等形式，形成电子版画展，在不同的班级播放展示。例如，"造型·表现"学习领域《小伙伴》这节课的作业就可以通过收集优秀的学生纸艺作品，制作成动态视频，在不同的班级进行播放展示；对于"设计·应用"学习领域的设计作品，教师可创设情境，在单元教学结束之后举办小型的"设计招标会"，让学生担任不同的角色，通过创设情境和展示作品的方式，让评价活动开展得更有趣味性。

展示学生作品不仅能够看出教学成果，而且可以增加学生的成就感，展示评价的方式让学生拥有了互相学习的机会，给学生提供互相观摩、相互交流的机会和场所，既可以提升学生欣赏与评判的能力，也能提升学生的表达能力。展示评价的方式充满艺术情趣，学生在这样的氛围与环境中更能增加自信心，提升审美水平，更热爱纸艺动画的学习。

（四）等级评价方式

通过对学生的学习过程、作品进行等级评定，让学生更直观地了解自己的学习情况。美术教师对学生的学习进行等级评定，其实是将学习进行标签化，比如设定 A、B、

C三个等级，或是采用"优秀""良好""一般""需改进""表现非常好""表现不错""表现一般""需要加油"等简单的文字。通过这样标签化的形式，学生对于自己的学习水平有一个大致的了解。美术教师对学生纸艺动画的学习过程、学习结果进行等级评价，需要预先设定具体的评价标准，让学生明确知道为什么评、怎么评。通过每一节课的等级评价，让学生不仅可以通过标签化的形式对自己的学习水平有大致的了解，而且可以通过具体的评价标准更准确地了解自我并进行自我判断。

（五）学习档案袋评价

学习档案袋用于评价学生的学习情况，其中可以存放学生的作品，还可以收集课堂评价量表，或是学生记录的学习内容。通过收集学习信息和数据，让学生对自己每节课的学习成效有更直观和清晰的了解，帮助学生及时、具体地评价自身水平，发现自己薄弱的领域。学习档案袋中存放学生的课堂评价表、作业完成情况表、作品等，以便于回顾自己课堂学习情况，通过纵向对比发现进步与不足。对于学生来说，学习档案袋中收集的是自己的学习成果；对于教师来说，学习档案袋收集的是教学成果。教师通过查阅学生学习档案袋中每节课的评价表，来总结和反思自己的教学情况，可以了解学生个人的、整个班级的、整个年级的美术学习情况。

《青溪老街》纸艺制作的项目评价以学生的学习过程评价为主。以"作业完成情况评价表"为评价展示基础，呈现学生在本单元学习中思考、解决的问题、尝试制作并交流展示和表达自我的学习感受。具体如下：

● 教学案例：青溪老街

1. 教学分析

（1）学情分析

七年级的学生在思想的逻辑能力方面存在欠缺，思维的感性认识存在不足，但是大部分学生对于图形的认知有一定的基础。学生对于美术作品中的立体表现形式了解较少，对于作品内涵的理解较为浅显。

（2）教材内容分析

在这个单元中，学生在教师的引导下观察建筑中的材料，探究建筑中的结构，最后运用所学知识，自己设计并制作一个建筑模型。《设计制作建筑模型》是这个单元的最后一课，前面是《建筑中的材料》《建筑中的结构》。本课的重点内容是引导学生对自己或他人设计想法、草图、模型等提出改进建议，并说明理由；在制作过程中及制作完成后进行相应的测试和调整。

2. 明确评价目的

本单元属于"造型·表现"学习领域，评价应该以"造型·表现"课程目标和学习内容为依据。通过评价体现"造型·表现"学习领域对学生造型表现能力的提升和实践能力的发展。掌握透视、色彩、比例、构图等知识，学会立体构成的表现方法，提高学生的造型表现能力；让学生通过课堂的学习，运用造型表现的方法来描绘事物、表达情感和思想，提升学生对家乡的自豪感，提高对自然、美术作品的审美鉴赏力。

3. 确定评价目标

知识与技能：能利用已掌握的建筑材料和建筑结构知识，根据已有材料设计一个建筑模型，并画出设计图。

过程与方法：能根据设计图制作模型，并在制作过程中及完成后进行相应的测试和调整。在教师的指导下能对自己或他人设计的想法、模型等提出改进建议，并说明理由。

情感态度与价值观：利用所学知识，感受建筑模型设计制作的乐趣，领略传统艺术与当代艺术碰撞产生的和谐与奇妙。

4. 选择评价方法与评价工具

在本节课中，教师对于学生参与的讨论、交流等活动进行积极的评价，学习过程与方法方面主要考查学生在学习过程中的观察、讨论及实践练习等情况。情感态度与价值观方面的评价可以通过课堂观察评价的方法，开展自评与互评。

评价工具为课堂学习评价表、作品完成情况评价表。

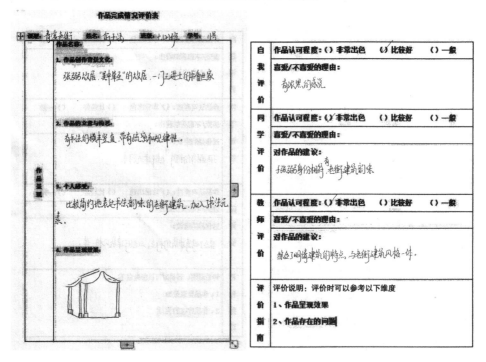

学生填写的评价表

5. 确定评价标准

根据艺术的教学目标和评价目标,确定"青溪老街"这一单元的具体评价标准,将评价的目标再细化,每个评价目标设计三个等级的评价标准,即"可以达到""大概达到""需要加油",将评价目标进行分层。设计课堂学习评价表,在课堂教学开始前发放给学生,让学生明白这一节课的学习评价目标,通过自评、同学互评、教师评价来检查自己在艺术课堂上的学习效果,作品完成情况表在课堂教学结束之后发给学生。

6. 评价实施过程

(1) 学生准备

本单元内容属于"造型·表现"领域,让学生对该单元进行提前预习,对于美术作品有初步的了解。

(2) 教师上课准备

教师在上课时首先发放本单元的课堂学习评价表,让学生对本单元的评价目标、评价标准有一定的了解,并说明评价表的使用方法及注意事项,要求学生在评价时做到公平公正,同学之间做好监督工作。

(3) 初步的感知学习

学生通过欣赏《青溪老街》宣传片,表达感受,想象场景,并进行初步的尝试练习。教师可展示学生的练习小稿并进行评价。

(4) 进一步的欣赏学习

在教师引导下,小组成员参考古镇建筑模型进行赏析,互相交流,发表自己的看法,小组成员组内进行互相评价。

(5) 模型搭建与实施

学生以小组形式自主体验、实践操作,并结合课堂学习评价表来进行自我评价,在欣赏的过程中发现自己的不足之处。

(6) 分享与交流、评价

小组选派一名同学进行评述总结,其他小组进行评价,小组内成员互相交换课堂评价表进行互评。

7. 评价结果的收集与分析

教师收集学生的课堂学习评价表和学生作品完成情况表、课堂观察表进行评价,整理分析收集的评价信息,对于教学目标达成度进行评价。评价标准将具体详尽地告知学生,使学生更明确教师对于自己的评价。

8. 评价结果反思

反思环节是教师在收集汇总"青溪老街"单元的评价信息之后开展的。反思环节分为两个部分,一是学生的反思,通过反思来分析自己在立体结构搭建中碰到的问题,讨论解决和未解决的问题；二是教师的反思，教师通过收集汇总学生评价表来综合分析本课学生的收获，和在教学的环节中存在的问题。

通过"青溪老街"这一单元来设计课堂学习评价的样例，通过对新课标中关于不同学习领域评价建议的分析和本单元教学内容的分析，设计具体的评价目标，设立不同等级的评价标准。学习评价方案突出学生在评价活动中的参与度，让学生明确知道评价的目标，从而使学生在进行自我评价、同学互评时更清楚评价标准。学生明确自己在本节课的学习收获，了解自己的美术知识掌握情况、方法的运用情况、能力提升情况。让学生明白自己学习的内容是什么，知道每个学习任务评价的标准，知道学习应达到什么样的目标。在学习的过程中教师更多地考虑学生的学习感受，让学生体会到自己才是学习的主人。

教师在课堂教学开展之前，设计完整的评价方案非常必要。这既可以让美术教师将评价的环节与教学的过程恰当地融合，又可以帮助美术教师梳理评价活动的流程，更清晰地知道评价的目标，从而保障评价活动顺利有效地开展。

第八章

奉贤特色纸艺动画融合课程的创意实践：教学方式

传统纸艺进当代课堂,如何激发时代少年的学习热情?奉贤特色纸艺动画可以诉说哪些奉贤故事?奉贤乡土纸艺传承至今有哪些一脉相承的传承人?他们能否帮助奉贤乡土纸艺继续茁壮成长?

第一节　纸艺动画融合课程的传统教学方式

一、民间传统纸艺传承方式的局限

民间传统纸艺的技艺多以师徒教学、口口相传的方式传承下来。这样的传承方式保证了传承的根源,经历了人类的文明进化,然而,在这个过程中,很难摆脱"授会徒弟,饿死师傅"的思想束缚和现实处境,因此不排除师傅的绝活会"留一手"而造成部分技艺的失传,抑或是找不到徒弟来传承。在这种情况下,"没有接班人,就失去了技能"已经成为一个老生常谈的话题。这些分散在民间的传统手工艺技艺,其传承呈现出巨大的自发困难,使传统民间手工艺逐渐陷入后继无人的尴尬境地。尽管一些艺人仍在坚持民间手工艺的传承和发展,但这毕竟是少数群体。我国部分传统民间手工艺文化逐渐衰落,这是一个不争的事实。

二、冲出传承方式的桎梏

奉贤乡土纸艺的传承同样面临着无人可继的局面,乡土纸艺进入基础教育的艺术课堂后如何进行教学实施? 以"奉贤故事——奉贤的由来"为课程的教学是个解决的方法。

● 教学案例:守正传统——奉贤乡土纸艺表现形式与技法

真实情境:

为了创作纸艺动画"奉贤故事——奉贤乡土纸艺的由来",调研奉贤乡土纸艺的历史、表现形式和技法,了解奉贤乡土纸艺的特征。

前期准备:

调查了解能够查阅资料的场所和奉贤乡土纸艺的历史,分组前往调研。

调研奉贤乡土纸艺的传统表现技法有哪些?

活动过程:

1. 讨论:奉贤传统纸艺表现技法有哪些? 前往博物馆、非遗办、文化馆等地调研奉贤乡土纸艺的现存资料。

2. 对各文化场馆提供的关于奉贤乡土纸艺的历史资料、图文资料、作品资料进行归纳，填表梳理。

3. 交流展示奉贤乡土纸艺资料和梳理结果。

4. 使用最新掌握的奉贤乡土纸艺技法，尝试表现一幅关于奉贤特色的作品。

课程评价：

1. 各文化场馆走访、调研、体验有感悟。

2. 梳理奉贤乡土纸艺资料及感悟。

3. 用奉贤乡土纸艺技法表现纸艺作品。

传统纸艺资料调研与创作的活动过程：

案例一：调研传统纸艺技法——灿烂的岁月

赏析：奉贤传统纸艺展场馆现场照片。

讨论：可以在哪些文化场馆查找奉贤乡土纸艺的资料。传统纸艺表现技法有哪些？

调研：前往博物馆、非遗办、文化馆调研奉贤乡土纸艺的现存资料。

尝试：以小组为单位，将各个文化场馆提供的关于奉贤乡土纸艺的历史资料、图文资料、作品资料进行归纳，填表梳理。

交流：以小组为单位，展示奉贤乡土纸艺资料的梳理结果和感悟。其他小组聆听资料交流并提出建议，开展评价。

改进：根据课堂交流结果改进奉贤乡土纸艺的技法梳理结果，存入"守正传统学习档案袋"。

案例二：传承传统乡土纸艺技法——创作奉贤特色纸艺作品

赏析：赏析各类形式的奉贤线图纸艺经典作品，了解传统奉贤乡土纸艺技法。感受纸艺技法剪、刻、折的奉贤特色。

研讨：通过查找资料，研究奉贤特色纸艺作品的表现形式，从生活中寻找创作的素材。

讨论：当代的奉贤特色如何用于传统纸艺表现？

尝试：运用奉贤乡土纸艺的技法创作奉贤特色纸艺作品。试着用剪、刻、折的方法或者将这些技法融合，创作一幅纸艺作品。

交流：小组展示作品，相互评价。

改进：根据查找的奉贤乡土纸艺资料，改进创作的纸艺作品。将创作过程资料和改进资料存入"守正传统学习档案袋"。

第二节　奉贤特色纸艺动画融合课程教学方式的创新

奉贤特色纸艺动画课程必然涉及传统纸艺的古法传承,应用辩证的眼光看待传统的传承方式。通过设计走访、调研等教学活动,探索不一样的创新教学方式,探究传统纸艺的内涵,了解传统纸艺传承千年的生命力。

一、走出课堂的纸艺教学

艺术来源于生活,纸艺创作始终伴随着人类文明的进步而发展。奉贤地区的古人善于用身边各种简单的事物,经过智慧的加工提炼,将其艺术化为美化生活的作品和实用的生活物品,表现出了人们对自然、对生活的崇拜和对美好生活的愿望,也展现了当地婚丧嫁娶的习俗。

探究奉贤纸艺的特色教学,鼓励学生走进社会,了解乡土纸艺的发展、演变和表现技法,通过亲身体验,了解先辈们用纸艺展现生活的愿景,激发传承和发展的创作欲。奉贤特色的纸艺教学鼓励学生通过调研身边的人、物,总结纸艺的创作方式;查找网络、书籍,获得资料;通过同学之间的交流探究,研讨总结纸艺创作的技法和经验。

当代的社会,网络是解决问题的重要渠道。通过递进性问题的追问,可以有效梳理学生自主学习过程中的逻辑性。以《身边的纸艺》为例:

● 教学案例:身边的纸艺

问题1:最早的剪纸出现在什么时候? 有什么作用? 目前为止发现的最早的剪纸是南北朝墓葬中的动物花卉团花。专家认为最早的剪纸可推溯到汉唐妇女使用金银箔剪成方胜,因当时风俗贴在鬓角为饰,而虽已找到蔡伦以前的东汉纸张实物,严格意义上的剪纸恐不会早于汉朝。早期的剪纸大约跟道家祀神招魂祭灵有关,如杜甫诗中就有"暖汤濯我足,剪纸招我魂"的明确记载。现今有的地方仍有年节剪鬼神之形贴于牛栏或门上的习俗。

问题2:奉贤纸艺的造型有什么特征? 奉贤纸艺的题材十分丰富,品种繁多,常见的有戏曲人物、民间传说、神话故事、寓言童话、飞禽走兽、花鸟虫鱼、山水风光、风俗习尚、游乐歌舞、生活场景以及一些谐音的吉祥物象。例如:表现"连年有余",即刻出鲤鱼和莲花的图案;刻画一只喜鹊站在梅花枝上,则取名为《喜上眉(梅)梢》等。奉贤纸艺是具有独特风格的民间艺术,特别是折纸,在国内外都享有很高的声誉。奉贤纸艺作品构图朴实、饱满,色彩明快、绚丽,制作工艺精细,艺术表现手法高超,历尽沧桑而不衰,始终保持了旺盛的生命力。

开放性问题:你觉得奉贤乡土纸艺发展的前景如何?

调研奉贤表现喜事的乡土纸艺作品,创作一幅纸艺作品。

奉贤纸艺纤巧的特征深深地扎根于奉贤人民生活的沃土,一方面受传统民间文化的熏陶,另一方面得益于农家妇女对生活细致入微的观察和体会。它凝聚了普通劳动人民的智慧,心到手到,独具一格。

在此项目中,首先让学生专门调研,在婚嫁喜事中,纸艺作品所起到的作用。

问题1:当前在婚嫁喜事中为什么要张贴"喜花"?

婚礼是人生中最大的一次礼仪活动,它标志着一个人生命意义的转折。在婚礼上,布置装饰洞房的民间剪纸是必不可少的,这就是喜花。

问题2:你见到过哪些"喜花"? 各种形式的喜花有什么寓意?

奉贤嫁娶时的纸艺摆件　　　　　　　　非物质文化遗产使用

民间剪纸在题材上的一大特点是采用托物寄情的寓意手法。常用的有以下几种:

谐音法——以音象形的表现手法。例如:表现花公鸡,就在公鸡身上刻几朵花;表现梅花鹿,就在身上刻几朵梅花;刻上莲花和鲤鱼就寓意"连年有余",这里以莲谐"连",以鱼谐"余"。

谐形法——将某一形象进行简化作为代表。例如:刻上一朵云彩表示天空;刻上一朵雪花表示冬天下雪了。

象征法——借某一物象来表示一个概念,使人产生联想。例如,桃子象征长寿、石榴象征多子、鸳鸯象征爱情、松树象征长青不老、牡丹象征富贵、喜鹊登梅象征喜事临门……

问题3:如何表现既有轴对称的图形又有四折的图形?(学生尝试、探究)

在此问题链的推进下,学生发现,无论剪纸、刻纸还是折纸都可以表现喜庆的装饰效果,可以张贴和摆放在新房内营造氛围。

开放性问题:在当代如何更好地传承奉贤乡土纸艺?

以学生为主体开展的教学,结合奉贤特色融合纸艺动画,既能改变学生的学习方法和思维方式,也能改变教师的教学方式和教学空间。通过"像艺术家一样创作"的美术课堂,教师能够帮助学生学会独立探索,提升自主学习能力。

在非物质文化遗产亟须传承的大环境下,传承和发展民间剪纸必须在基于国家课程的基础型课程中拓宽传统剪纸的审美文化和表现内容。

奉贤特色纸艺动画课程以任务驱动的项目化学习方式,从奉贤的地域特色、学生的日常生活出发,遴选奉贤明清建筑、当代建筑、非遗项目等,组织课程内容。坚持以纸艺为主体、以动画为载体,讲好奉贤故事,吸收、借鉴奉贤乡土纸艺等中华优秀传统文化成果,追求精神高度、文化内涵、艺术价值相统一。以《奉贤石拱桥》第二课时《贤城桥韵——桥心石》为例:

修复桥心石展示

一、本项目问题链

1. 任务驱动

在巩固型知识的探究任务驱动下,学生主动深入探究与奉贤古桥相关的基础知识以及桥心石更多的创作呈现方法和展示方式,运用艺术语言表达创意和情感,培养雕塑的审美能力、空间想象能力和立体表现能力,并能根据主题构思并创作出作品,表达思想、观点和情感,弘扬大美奉贤的文化内涵。

2. 目标与评价设计

基于艺术课程的特征,确定教学目标,充分体现艺术中的立德树人要求。目标的关键是感受和理解奉贤地区的文化底蕴,传承和弘扬地域优秀传统文化,坚定文化自信,铸牢中华民族共同体意识;学会尊重、理解和包容。目标设计包含了艺术知识技能的行为表现和表现水平,以及需要与学生匹配、可操作的表现性任务。

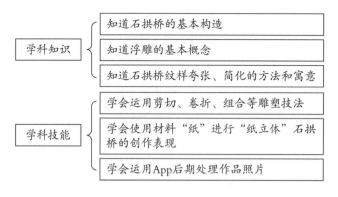

```
        ┌─ 知道石拱桥的基本构造
学科知识 ─┤─ 知道浮雕的基本概念
        └─ 知道石拱桥纹样夸张、简化的方法和寓意

        ┌─ 学会运用剪切、卷折、组合等雕塑技法
学科技能 ─┤─ 学会使用材料"纸"进行"纸立体"石拱
        │  桥的创作表现
        └─ 学会运用App后期处理作品照片
```

《贤城桥韵——桥心石》知识与技能解析

3. 项目学习主题背景分析

石雕的历史可以追溯到距今一二十万年前的旧石器时代中期,一直沿传至今。

江南雨量充沛,水系发达。自古河流众多,两岸自然有许多桥梁。桥的本意是交通便利,但一旦架起,就会与铮铮丝竹、依依杨柳、碧荷连天融为一体,让江南水乡更加风姿绰约、诗情画意。江南古桥凝聚了民族智慧,传承了先辈的足印,集实用性、观赏性和纪念性于一体,为当代桥梁建筑艺术提供了有益的借鉴,见证了社会的发展和文明的进步。

桥心石

奉贤亦位于江南水乡,素有"桥乡"之称。目前,奉贤仍有古桥129座,保存完好的古桥多为石桥。许多地方以桥梁命名,比如奉贤的中心叫"南桥",还有以桥命名的城镇,如头桥、邬桥、钱桥、胡桥等,至于以桥命名的村庄那就更多了,甚至直接称为"桥村"。一座古桥,最有灵魂、最不可或缺的是桥中央的"桥心石",又称"龙门石"。从一座古桥构成的元素,我们可以看到建造时代的区域经济和文化水平。

二、本项目核心问题

让纸浮雕制作的桥心石成为古桥的一部分,展示出奉贤古桥古朴的天然质感。本案例以修复古石桥、再创桥心石作为核心问题,引导学生在已掌握的技法基础上探究更多更好的展示方法。

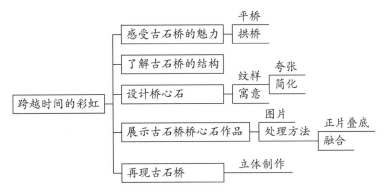

《跨越时间的彩虹》课堂教学结构

三、项目学习主题综合学科

本项目的学习研究以艺术学科为基础,涉及信息科技、地理、历史、语文等学科内容。可以促进和提高学生的创新思维、研究能力、自主学习能力、探索发现能力、审美情趣等。通过本项目的开发,可以培养学生的纸艺融合创作能力,提高学生的核心素养。

四、项目学习主题设计原因分析

根据少年儿童出版社七年级上册"在平面与立体之间"单元教材,融合奉贤地域特色,我们把纸艺大单元设计为石拱桥单元教学。本单元共分为三个课时,第一课时《走近石拱桥》,第二课《贤城桥韵——桥心石》,第三课时《独具匠心的纸立体石拱桥》。

本节课为第二课时《贤城桥韵——桥心石》,学习任务为设计桥心石。所属主题为雕塑,所属领域为"造型·表现"。在教学过程中,我们采用现代纸艺浮雕教学,让学生把作品贴入一座空白的古桥模型中,作为桥心石展现,但是出现了当代艺术作品与古老的桥造型风格的不融合,平面与立体之间的视觉差异等艺术效果上的不完美。这些问题被推上了自主研究的课堂,作为PBL问题,鼓励学生在课堂中尝试探索各种解决方案。研究结果证明,在学生已有的知识经验中,信息化的处理是一种比较可行的解决方案。通过这一细小的项目,针对一个比较开放的话题,挖掘学生知识的综合运用能力,解决课堂中的实际困难。

五、项目学习主题目标

本案例的设计源于学生在六年级第一学期已经对雕塑有了初步的了解,在六年级第二学期学习过剪纸,却对奉贤地方文化有所忽视。

我校的特色课程贤文化纸艺大单元专门研究了纸尖上的艺术,我校教研组以上海市教育科研课题"奉贤特色的纸艺动画融合课程的开发与实施"为引领。本项目旨在让学生通过对桥心石发展史的认识了解,感受桥心石的演变和作用;通过不同时期桥心石纹样的比较研究,知道纹样在古人心目中的意义和寓意,培养探究能力;通过设计制作桥心石,加深对古桥各部件的认识和了解,提升动手制作的能力;通过探究课堂作品的展示方式,融合相关知识的能力,提升对于实际问题的解决能力,感受传统艺术与现代科技融合的魅力。

奉贤特色纸艺动画课程的评价更关注学生的过程性评价和思维创作能力的表现。通过对学生的学习态度、学习兴趣及学习效果三方面的评估,以及对教师实施教学的反馈,进行课程实施效果的分析,不断完善课程建设。

六、课程教学方式创新

基于教学目标形成结构化、多层次、多元化的教学,以项目为起点,融合地方资源,探索艺术课程的跨学科综合性。通过项目、任务、问题、合作、探究、分享的学习方式,鼓励学生独立或以小组合作方式在真实情境中开展个性化、创新性的课程开发,继续以《贤城桥韵——桥心石》一课为例:

1. 搜寻资料,了解古石拱桥

青村镇有诸多古石拱桥。教师播放青溪老街及老街上古桥的视频,激发学生主动学习和探索古桥的动力。当教师抛出问题:"石拱桥有哪些基本结构?"学生立即在课上自主浏览、搜寻石拱桥基本资料。在第一课时,学生通过初步了解石拱桥的结构与造型,知道石拱桥的不同类型,并通过 PPT 微报告的形式呈现自主学习成果。

课后,为了能更好地感受到当地的人文特色和老街石拱桥古色古香的韵味,部分学生自发以小组为单位实地考察了青溪老街,搜集了很多古石拱桥的信息并拍摄了青溪老街上所有古石拱桥的照片及细节资料,如继芳桥、南虹桥等。学生发现因为年久失修或人为因素,桥面和桥体上有不同程度的磨损与破坏,同时做好了相应的笔记。

2. 材料与形式的选择

通过观察和调研,学生在课前交流与分享微报告时显得自信满满。学生一起互相交流、相互学习的同时也知道了桥之灵魂——桥心石,了解纹样的不同寓意。考察了青溪老街的小组交流得尤为细致,教师顺着学生的分享提问:我们可不可以尝试"修复"桥心石上的纹样呢? 经过学生们的一番激烈讨论,大家一致提出选用最熟悉易得的"纸"来修复创作。因为桥心石属于浮雕作品,而纸做的浮雕叫作纸浮雕,最终确定本节课的作业形式选为制作纸浮雕桥心石创意作品。

于是教师拿了一张彩色纸,并带领学生观察桥心石纹样的特点,一起思考如何以最高效、便捷的方式完成纸浮雕桥心石作品的创作。学生进行了一番尝试与讨论后,最终有小组提议:"根据桥心石纹样部分有对称性的特点,我们可以运用剪纸的形式。"此时,大家纷纷表示赞成。七年级的学生在六年级第二学期已经知道了剪纸的基本纹样,也学会了剪纸的基本技法,所以对于他们而言,并不困难。

3. 设计纹样,制作纸浮雕桥心石

一张纸、一把剪刀,运用剪纸的基本技法就能快速呈现桥心石纹样的雏形。教师又抛出问题:"同学们请仔细观察,剪完的桥心石仍然是平面的,要怎么才能表现出桥心石浮雕作品上凹凸不平的肌理感觉呢?"学生们又以小组为单位展开了讨论,在做了尝试后得出结论:只需要配合折、卷等方法就可以将平面的作品变成纸浮雕桥心石,这不仅产生了明暗、阴影效果,而且突出了立体感。最终学生完成创作。

桥心石作品

4. 展示作品,发现问题

学生们都非常踊跃,眼看规定的完成时间很快就要到了,黑板上陆陆续续地出现了五彩缤纷的桥心石作品。这时教师注意到第七小组的两位学生虽然已经按照要求完成了纸浮雕桥心石的剪纸作品,却迟迟没有展示出来,且他们四目相对,好像要表达些什么。于是,在教师的鼓励下,其中一位学生提出:"老师,我们可不可以不用彩色的纸来制作桥心石?"这让有着固有思想、觉得使用彩色的纸来制作桥心石,远看应该更能凸显出效果的我突然蒙了一下。的确,仔细观察贴在黑板上的彩色纸浮雕桥心石作品,发现彩色的纸和有着历史底蕴的古石拱桥搭配在一起时显得有些幼稚。片刻后我回答道:"你观察得很细致,让我们一起来尝试使用其他颜色的纸制作。"其他同学也都一致同意,最终大家投票否决了单面彩色纸和双面彩色纸,而是选择了和古桥与桥心石本身相和谐的灰色打印纸,灰纸里面的杂质正好也可以代表石块表面凹凸不平的肌理和不均匀的色彩。

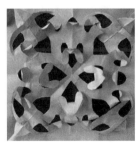

纸浮雕作品

有了第一次的制作之后,这一次的改进,学生们的效率提高显著。所以在纸浮雕桥心石作品的创作再次完成之后,学生一窝蜂挤到黑板前,争先恐后地想第一个贴在黑板上进行展示,但由于黑板的大小限制,可容纳的作品数量仅6幅,慢了一步的学生表现出了些许失落。

纸浮雕作品

此情此景也让教师有了更深的思索,马上引导并组织各个小组抛出问题并进行探索:"如何更好地展示纸浮雕桥心石作品呢? 可不可以运用信息技术呢?"

二、整合社会资源的纸艺教学

莎士比亚曾说过:"学问必须合乎自己的兴趣,方才可以得益。"奉贤地区的快速发展,给予学生对周边事物日新月异的感受。学生由此产生了好奇心,对于各类文化类场馆的了解和参与也更为频繁。

(一) 馆校结合的现场教学

场馆教学的互动调动学生们的生活认知,来帮助他们学习知识,同时通过增加师生、生生之间的互动碰撞思维,让学生们在课堂中也能够互相学习,进一步巩固对纸艺知识的掌握。通过调研博物馆"世界纸艺展",增加了学生纸艺创作的灵感,同时增长了纸艺制作的技巧,让学生拓展艺术眼界和提升赏析能力。走访文化馆和档案馆,了解奉贤地区名人趣事,拓宽纸艺创作素材的来源。

● 教学案例:奉贤贤人故事

任务:融合语文学科剧本编写技法,完成"奉贤故事"剧本创编任务

1. 调研文献原文:《孔门言偃　青溪讲学》

公元前506年,吴国姑苏虞山东岭降生了一名男婴,父母给其取名偃,寓"偃武修文"之义。20岁举办成人礼时又给取字"子游",又称"叔氏"。

公元前496年吴越争霸,征战连年。促使幼年时的言偃重视礼制,热衷礼乐。公元前485年,北上求学于孔子,以学得先进礼制、渊博知识,踏上了寻找兴国之道的征途。

言偃在卫国见到孔子。他是孔子接纳的唯一南方弟子。一年后,跨进孔子学堂。言偃的入学,得益于孔子的"有教无类"教育理念。他勤奋刻苦,经常询问求教于老师,终于在众多弟子中脱颖而出。《论语·先进》内按学科列出的尖子生只有10人,言偃名列其中。后人称之为"十哲"之一。

言偃习礼,注重内涵;而且以礼治世,他的武城之政,得到孔子赞赏。

剧本范例一:《南方夫子》

作者:2023届学生　郑以琛

跨学科指导教师:孟丽丽

第一幕

言偃坐在草堂,正在为一众弟子讲学。

老年言偃:大道之行也,天下为公。

众弟子:(齐声)大道之行也,天下为公。

老年言偃:选贤与能,讲……(咳嗽)

弟子甲:(着急地)老师,你歇会儿,喝口水。

老年言偃:(叹气)唉,老了,讲不动了。

弟子乙:老师,既然您已经如此年迈,又为什么要来偏僻的东南讲学?

老年言偃:(轻笑)这就要从我拜师孔子说起了……

第二幕

年轻的言偃匆匆向旅馆走去,拜访子贡。

画外音(老年言偃):当时啊,我只是一个吴国的贵公子。吴国攻伐各国,我心生不满,于是去找在与吴国谈判的子贡师兄,想拜入老师门下。

言偃:麻烦通报一下,我姓言名偃,字子游,来找子贡先生。

门童:(点头,转身离去)子贡先生,外面有位自称言偃的十八九岁的吴国公子来找你。

子贡:(意外)让他进来。

言偃进门,与子贡相对坐好。

言偃:近几年,我听闻孔夫子周游列国,传播儒家学说,我心生向往,还请先生引荐,子游不胜感激。

子贡:你既是吴国贵族,又为何想拜入老师门下?

言偃:(思索,随即正色)我王夫差之先君阖闾,八年前因越军偷袭,伤重不治。临终前嘱咐夫差,勿忘杀父之仇。我王夫差继位后励精图治,大败越国,越王勾践忍辱负重,每日卧薪尝胆,颇有复国之志。而反观我王(语气愈发激昂),已报父仇,本应推行仁义教化,但却愈发好战,袭击宋国,威胁鲁国,还想与晋国争霸!这样的吴国我已经不认识了!所以我愿在孔夫子门下学习礼乐之道。

子贡:(大笑,热情)既然如此,待我见吴王夫差,定好盟约后,你和我回卫国,面见夫子拜师。

第三幕

几日后,拜师典礼上。

孔门众弟子:祝贺老师喜收新徒,祝贺师兄谈判归来。

孔子:(慈祥)子贡能洞察列国强弱,因势利导,抑强扶弱,干得很好。今天,吴国的言偃,来拜师于我,已熟读经书,今后向南传播儒家学说就有希望了。(微笑)今天言偃拜师,我愿为你解答疑惑,有什么想问的就说吧。

言偃:人伦中最重要的莫过于孝。报答父母,保障他们的生活,这可以称为孝吗?

孔子:连野兽都能赡养它们的父母;不尊敬父母,又如何与野兽分开区别呢?

言偃:(恍然大悟)那如果父母骄傲而又吝啬,如何尊敬他们呢?

孔子:侍奉父母,如果父母有不对的地方,要委婉地劝说他们,如果父母心里不愿听从,还是要对他们恭敬,不违抗,替他们操劳,但不怨恨,这才叫孝。

言偃:(尊敬)谢老师解惑。

画外音(老年言偃):这是老师教给我的第一课,在此之后,我便一直在老师身边学习,在文学上有所造诣,然而让我受益最深的,还是在……

第四幕

言偃陪孔子参加腊祭仪式,结束后走到宗庙外高大的建筑物边。

孔子:(仰天长叹)

言偃:(奇怪)老师,您为什么叹气?

孔子:我没有赶上大道实行的时代,也没有赶上夏、商、周英明人主当政的时代,可心里总是向往啊!

言偃:(憧憬)那时,人们的生活是怎么样的呢?

孔子:(兴奋)大道之行也,天下为公,选贤与能,讲信修睦……男有分,女有归……是故谋闭而不兴,盗窃乱贼而不作,故外户而不闭,是谓大同!

言偃:大同……(失落)可现在大道已经不再实行,天下各国互相征伐,又该怎么重现三代英明人主统治时期的盛状呢?

孔子:禹、汤、文、武、成王、周公这六位明君,没有一个不遵从礼法。以着其义,以考其信,着有过,刑仁讲让,示民有常……是谓小康。

言偃:谢老师教诲,偃虽不敏,但仍向往这种生活,我会遵从您的教诲,用礼乐来教育民众!

第五幕

画外音(老年言偃):后来,在老师的指引下,我在武城就任武城宰,治理出了点微薄的成绩。

孔子与众弟子来到武城考察,见农夫在耕地时歌唱,远处隐隐传来弦歌之声。

孔子:(惊讶)这里的民风竟如此贤德!

农夫:都是子游先生的功劳,他教会我们礼仪音乐,还教我们君子六艺。以前这里常有人打架斗殴,自从子游先生来了以后,这种情况就不再出现了。

孔子及弟子继续前进,见到言偃。

孔子:(开玩笑)割鸡焉用牛刀?武城这么小的地方,需要礼乐来教化民风吗?

中年言偃:(正色)老师曾经对我说过:君子学道则爱人,小人学道则易使也。弟子遵从夫子教诲用礼乐教化武城。

孔子:(一愣,随即严肃)言偃说得对呀!我刚刚只不过与你开玩笑罢了。

第六幕

老年言偃:(悲伤)后来,老师死了。(哽咽)服丧三年后,我继续传播儒学,以礼乐教化民众。再后来,我又应越王邀请,来到南方讲学。

学生乙:可老师,越王不是灭了吴国,是您的仇人吗?

老年言偃:(悠悠长叹)吴王夫差四处开战,国力耗尽,覆灭是必然,而我还背负着向南传播儒学的重任。越王诚心诚意,于是我还是回到家乡。直到我受青溪公邀请,来到了这里,这可能是我最后一次讲学传道之行了。

众学生:(伤感)老师……

老年言偃:所以,你们要继续传播礼乐,传播儒学……好了,继续上课。

老年言偃:是故谋闭而不兴,盗窃乱贼而不作,故外户而不闭,是谓大同。

众学生:是故谋闭而不兴,盗窃乱贼而不作,故外户而不闭,是谓大同。

老年言偃:是故谋闭而不兴,盗窃乱贼而不作,故外户而不闭,是谓大同。

众学生:是故谋闭而不兴,盗窃乱贼而不作,故外户而不闭,是谓大同。是谓大同!

第七幕

孩子:妈妈,为什么这个地方叫作奉贤啊?

妇人:这里曾经来过一个叫言偃的人,他以儒家的礼乐道德教化育人,被百姓们尊为贤人。把这里叫做奉贤,是为了表达对他的怀念,他死后被尊称为——"南方夫子"……

2. 调研文献原文:《贤城李待问》

每年的农历七月十四日一早,上海松江区的市民们就要去附近的大饼油条摊排队,吃油条、喝豆浆。一些人会问,你们上海人不是每天早晨都吃这些吗?但是,这些松江市民,在特定的日子一定要喝豆浆、吃油条,这就不再是吃早餐的习惯了,而是一种延续了360多年的仪式,为纪念在清顺治二年(1645年)抵抗清军、为守卫松江府殉节的明崇祯十六年进士、曾官拜中书舍人的上海华亭县竹冈李家阁(今奉贤区西渡街道灯塔村)乡贤李待问。

剧本范例二:《贤城李待问》

跨学科指导教师:沈琳

第一幕

旁白:正所谓贤地出贤人,在1603年一个平凡的冬天,在松江府华亭县竹冈李家阁(今属上海市奉贤区西渡街道灯塔村)的一间屋子里,一个面色红润的婴儿呱呱坠地,来到了这个风雨飘摇世界,开始了他注定不凡的一生。而他,就是我们故事的主人公——李待问。

幼年李待问:嘤嘤嘤……

李母:乖,不哭。妈妈在呢……

一位李家仆人:老爷,五少爷出生了。

李家老爷:哼,没看见我在忙吗?他算得什么少爷,再说不是还有她娘吗!

旁白:从小身份低微的李氏母子常常受人鄙视,于是其母便携待问离开了李家,以替人缝织为生。

第二幕(幽默版)

旁白:李待问从小勤奋好学,聪明伶俐,在乡里被称为"神童"。而再聪明的孩子也得有老师的指导方可成才,李母为此担心不已。

李母:先生啊,这个,学费要多少钱啊……

私塾周先生:施主,我是信佛的,而我佛不讲钱,讲"元"!

李母(两眼放光):真的吗,那就谢……(被中途打断)

私塾先生:慢! 我之"元",非你之"缘",我说的是"300元"的"元"。

李母(默默离去):……哎,这日子是越来越难过了。眼看孩儿已经要上学我竟连个学费都掏不出,哎……

少年李待问(兴奋的样子,从场外跑入):娘亲,娘亲,刚刚私塾的邵先生看我天赋异禀,骨骼清奇,将来必有一番大造为,于是破格让我免除学费了。

李母(惊喜,与李待问拥抱):真的吗? 那可真是万幸,你进入私塾之后一定要认真学习,不能辜负了邵先生对你的期望。

第二幕(正经版)

旁白:李待问从小勤奋好学,聪明伶俐,在乡里被称为"神童"。而再聪明的孩子也得有老师的指导方可成才,李母为此担心不已。

场景:李母正在织布。

李母(擦了擦额头的汗)周先生,你看我儿子李待问今年也是该读书识字的年龄了,我想送他上私塾,可是没有足够的钱。不过待问从小聪明伶俐,希望您能网开一面,余下的钱我一定尽力补上……

私塾周先生(摇头):不行,我们私塾先生也要吃饭,你还是再去凑凑学费吧。

李母(叹了口气,默默离去):……哎,这日子是越来越难过了。眼看孩儿已经要上学了,我竟连个学费都掏不出,哎……

少年李待问(兴奋的样子,从场外跑入):娘亲,娘亲,刚刚私塾的邵先生看我天赋异禀,骨骼惊奇,将来必有一番大作为,于是破格让我免除学费了。

李母(惊喜,与李待问拥抱):真的吗? 那可真是万幸,你进入私塾之后一定要认真学习,不能辜负了邵先生对你的期望。

第三幕

旁白:1643年,李待问高中进士,当时全乡人都因他而骄傲,不久便被封为中书舍人。

百姓1:听说了吗? 咱乡里出了个李待问,高中了进士!

百姓2:嗯嗯,听说了,听说了! 据说他小时候生活可困难了,是他妈妈一手把他拉扯大的呢。

百姓3:哎呀,听说还封了个什么中书舍人,这回可真是光耀门楣报家乡了啊!

(李待问家中)

众人皆前来贺喜,大家其乐融融,好不高兴。(背景群演)

第四幕

旁白:而此时远在他乡的李待问也是仕途顺利,还结交了沈犹龙、陈子龙、夏允彝、徐孚远等无数志同道合的好友。可是,天意总是不顺人愿。好景不长,1645年,清军兵下江南,大明王朝摇摇欲坠,无数官员弃明投清,而李待问又将如何抉择?

(江南府城内)

李待问:清兵入犯我大明江南地区,诸位有什么想说的?

一位将领(弱弱地说):我看此次清兵入侵极其凶猛,似有志在必得之势,我们恐怕难以抵挡,不如投降来得稳妥。

李待问:大胆! 如今清兵进犯我大明疆土,到处肆虐,吾等身为大明臣子,更应当挺身而出,报效祖国,而不是畏首畏尾!

其他将领(齐声慷慨激昂地说道):对! 吾辈男儿当自强,若无法报效祖国,要这一身本事还有何用?

李待问(坚定,振振有词,振聋发聩):众将士听令,死守城池,绝不退缩! 如有违令者,杀无赦!

将士(大喊):死守城池,我大明疆土,一寸不让!

第五幕

旁白:清兵很快便杀到了江南,李待问在与李母告别后,开始了艰难的守城。在守城过程中,李待问负责固守北门。但由于敌众我寡,实力悬殊,终于有一天,西门告破,守将英勇战死。

李待问见大势已去,于是便从东门离开……

李待问(从场外走入,一脸忧伤):哎,西门已破,我终究还是没能守住这城啊!

一位百户(官员名)(从旁边一把挽住李待问):您读烂《四书》,今天将怎样?

李待问(大义凛然,决绝):为臣死忠,这是常事,我不过想和家人作最后诀别罢了。

百户(动容):您能这样,我先断头以待。

旁白:说完,百户便拔出刀自刎而死,李待问见此,便伏到他身上大哭……

百户(跟着旁白的讲述拔出刀自刎,而后倒到地上)

李待问(伏到他身上大哭):你这又是何必啊!你们都是如此,我又岂能苟活!

旁白:李待问仓促抵家,少妾换衣涕泣,众人都劝逃走。他笑着说:"死,是我分内之事。且不死,将何以对待那位百户呢?"于是引绳自缢。气未绝而被俘。劝降不屈,慷慨就义。临死,犹告清将不可残杀民众。后来,民众为怀念他,建李公寺,尊其为府城隍,塑像为祀,道教敕封威灵公。诞辰为阴历七月十四日,府城隍庙例有盛大庙会。松江城厢人民并有夜间吃豆浆的风俗,都是纪念他的。

(二) 走访民间非遗传承人的教学

通过收集身边老一辈的日用、节庆纸艺作品,了解纸艺文化在奉贤地区悠久的历史和广泛的传播。文化传承是乡村振兴的重要一环,非物质文化遗产是不可抹去的文化记忆。奉贤乡土纸艺作为一项民间传统手工艺,具有很高的艺术与民俗价值,有理由保护并传承下去。探访上海市纸艺非遗传承人,参加文化馆非遗纸艺活动,走进传统纸艺现场教学,感受生活的艺术、民间的高手,是纸艺教学的重要环节。

新课标中"继承与发展文化遗产"的教学重点是:采用调查地方工艺、参观历史和民俗博物馆、考察历史遗址和遗迹、邀请民间艺人进课堂、组织课堂讨论或辩论会的教学方式,引导学生认识非物质文化遗产的意义与作用;指导学生提炼非物质文化遗产的元素,并将其融入文创产品的设计与制作;结合其他学科的知识、技能和思维方式,开展"中国文创产品走向世界"等传播中华优秀传统文化的拓展活动;注重引导学生理解"中华优秀传统文化需要创造性转化、创新性发展",增强文化自信,涵养家国情怀。[①]

参观纸艺传承人工作室,即上海市级非遗项目"奉城刻纸"传承人周宝才的弟子沈丽华主持创办的非遗刻纸工作室。该工作室将热爱传统工艺的手艺人聚集到一起,主要从事非遗刻纸的传习、保护与研发,为非遗传承贡献力量。参观调研工作室,参与教学、展览、竞赛、非遗演示、传承等项目,更好地传承和创新开发、推广、弘扬非遗刻纸文化。

---

① 中华人民共和国教育部.义务教育艺术课程标准(2022年版)[S].北京:北京师范大学出版社,2022:72.

● 教学案例：走访身边的传承人（调研作品内容）

奉城刻纸，源远流长、历史悠久，可以追溯到清雍正四年，是从民间盛行的窗棂装饰等剪纸花演变而来的。民间艺人以"刻"代"剪"，令作品的刀法精妙入微，挺拔有力，线条明快丰富，构图隽秀优美，栩栩如生，细腻逼真。奉城刻纸是历代相传的民间传统艺术，有着独特的艺术魅力，曾为江南一绝。地处奉城镇的非遗刻纸工作室于2020年开始筹备创建，由上海市级非遗项目"奉城刻纸"传承人周宝才的弟子沈丽华主持创办。目前工作室与兰博路生活驿站共建，合作开展教学、展览、竞赛、非遗演示、传承等项目，更好地传承和创新开发、推广、弘扬非遗刻纸文化。

在青村镇，民间剪纸艺术曾经流传广泛，以家庭传授和拜师学艺得以传承。剪纸艺术家们以有色有光的纸张作为主要材料，经过折叠、勾勒和剪裁，创造出千姿百态、逼真动人的花鸟人物形象，展现出独特的民族文化特色。艺品配以白纸或异色彩纸衬托，一幅幅艺术品引人注目。目前，青村镇金王村的

青村纸艺传承人李国华

奉贤乡土纸艺传承人李国华虽剪纸技艺精湛，但年事已高，且眼力渐退，尚无传人。李窑、北唐、丁夏等村的艺人都已年逾古稀，均无后人继承。

已故"折纸大王"徐菊洪

南桥镇古华一村已故的徐菊洪老先生，自1997年退休后，全力投入对中华折纸的研究和创作，技艺高超，不剪、不切、不拼接，创作立体作品，作品新奇，被特邀为民间艺术馆指导老师。徐菊洪老师在折纸起源、发展历史、现状和国内外折纸艺术的差异等方面都有心得。徐老过世后他的手艺却没有得到完整传承，至今无人能够学习和超越。邵复全老师继承徐菊洪老师

部分技艺，是奉贤折纸传承人。但现在折纸仅属于群众活动范畴，还没有真正走入课堂、纳入工艺行列，尚无人志愿把它作为终身事业。

三、课程计划实施创新

在学校基础型课程中探索改革学生艺术课程开发与实施，尝试走入社区（青溪古镇）实地调查研究，让学生结合信息技术进行传统艺术的守正创新。还是以《贤城桥韵——桥心石》为例：

（一）运用信息技术，改变展示形式

新课标指出："学校要提供条件帮助教师充分利用计算机、多媒体设备、艺术软件等开发信息化艺术课程资源，从内容和方法上拓展艺术课程的空间，使艺术教学更具有直观性、互动性和时代感，促进学生学习方式的转变。尤其要借助现代信息技术整合艺术课程资源，积极搭建数字化、信息化的艺术课程资源平台，充分利用互联网信息量大、视听结合、互动共享等优势，开发新的教学资源，促进教学方式、方法的转变和创新发展。"①改变传统的单纯纸艺表现的方式，采用信息技术与纸艺制作相融合的方式，增加了纸艺作品的真实性，也进一步展示了纸艺与生活实际相结合的效果。

● 教学案例：《桥心石》融合信息化示范教学

在《桥心石》纸艺设计一课中，使用平板电脑先把纸浮雕桥心石作品拍摄下来，再打开之前学习过的 PicsArt 美易 App，插入古石拱桥现场照片与创意桥心石学生作品照片，进行图片处理。通过照片的叠加，再使用"正片叠底"功能，将作品和古石拱桥现场照片相融合。为了方便一些容易忘记步骤的同学操作，很多学生甚至在课后还制作了一份针对本课程的美易软件简易教程。

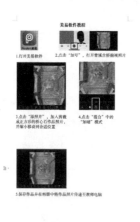 

美易 App 教程　　　　　　桥心石数字融合作品

最终，教师的电脑上陆续收到了学生们的作品，经过加工合成的桥心石作品栩栩如生。同时，教师建立了班级作品库，并用平板电脑共享给每一位学生，方便大家一起欣赏与评价。

（二）发现问题解决问题　激发传承热情

古人云："疑是思之始，学之端。"思维是从问题开始的，有了问题才会有思考、才会有所收获并产生兴趣。培养学生的问题意识是创新教育的起点。

---

① 中华人民共和国教育部.义务教育艺术课程标准（2022 年版）[S].北京：北京师范大学出版社，2022：122.

在《桥心石》一课中，学生们学会了发现问题并解决问题的方法，除了了解浮雕的基本知识与艺术特点，知道桥心石属于浮雕及纹样夸张、简化的方法，也学会运用 App 后期处理作品照片。同时，学生们从中感受到了桥心石的韵律美；体会到了古桥不仅是风景，更是奉贤区的历史见证和文化背景；激发了保护古石桥、保护贤城文化的情感。

各类创新的教学方式促成以教师为主导、学生为主体的教学，把以教师灌输为主的教学方法转变为以学生参与为主的教学方法，调动学生学习的积极性和主动性，最大限度地发挥学生的潜能，实现奉贤特色纸艺动画教学质量的提高。

学生桥心石作业

第九章

奉贤特色纸艺动画融合课程的项目化实施

奉贤特色纸艺动画融合课程的项目化实施，是将独立的项目交由学生自己处理，在此过程中，资料的收集、过程的探索和活动成果的呈现等都由学生自己完成，教师仅给予一定的提示和指导。课程推进就是一个最大的项目，其中，奉贤纸艺、奉贤特色、纸艺动画等各个子项目是由传统到创新、由单一艺术门类到融合课程整体、依次推进的。

华东师范大学钱初熹教授在《基于项目学习的美术教育》中指出:通过基于项目学习(Project-based learning)的视觉艺术单元课程,我们让中小学生经历视觉艺术学习,激发创意思维,获得更深层次的专业知识和创新技能:(1)深入探索视觉艺术的某个主题(或议题)获得视觉识读和造型表现的知识和技能,并广泛接触多个相关领域的知识。(2)以新方式整合视觉艺术信息的能力,激发想象与灵感,分析创意并促使物尽其用、富有美感的实用性、创造性想法产生的创造性思维能力。(3)对视觉艺术富有好奇心、内在兴趣和毅力,愿意承担风险,并且产生对意义的不确定性安之若素的动机。(4)运用批判性思维,创造性地对题材、主题、媒材、表现方式做出决定的元认知。(5)创设并融入交流、协作的环境以及鼓励冒险的环境。与此同时,美术教育专业的本科生将迅速成长为21世纪富有创意思维和创新实践能力的优质美术教师。

第一节 奉贤特色纸艺动画融合课程的守正

奉贤特色纸艺动画融合课程的项目化实施是在教师的指导下、将独立的项目交由学生自己处理。在此过程中,资料的收集、过程的探索和活动成果的呈现都由学生自己完成,教师仅仅给予一定的提示。整体的课程推进就是一个最大的项目,在整体项目推进过程中,设定奉贤纸艺、奉贤特色、纸艺动画等各个子项目是由传统到创新、由单一艺术门类到融合课程依次推进的。

项目化案例一:"奉贤纸艺"守正传统

年级	子项目主题	媒材
低年级	节庆剪纸、喜花剪纸	剪纸工具及PPT制作
高年级	剪纸溯源、传承人寻访	剪纸工具及平板电脑

一、项目简介

在上海南郊的奉贤,自古以来流传着人们喜爱的纸艺。随着历史的发展,奉贤乡土纸艺不断地升华,成为人们生活中,特别是喜庆、丧葬、装饰时的必备用品。作为奉贤文化的传递者,请你调研奉贤乡土纸艺的内容及传承,掌握奉贤纸艺的特征,考察本土文化,为奉贤乡土纸艺的守正传递一分力量。

二、项目介绍

奉贤乡土纸艺可追溯到清代,流传至今已有两百多年历史。奉贤流传着纸艺"三绝":一绝为"刻",二绝为"剪",三绝为"折"。刻纸、剪纸、折纸三项纸艺内容是奉贤民间艺人施展的手工工艺。奉城刻纸以"刻"代"剪";我校所在的奉贤青村地区,自古以来就有青村剪纸技艺流传;现代大部分奉贤人集中居住的南桥地区也有折纸艺术流传,一直作为民间活动发展至今。本项目结合六年级"装饰的秩序之美""简洁热烈的剪纸",七年级"为商品设计包装""展示我们的成果""在平面与立体之间""质朴的民间工艺"美术教材,六人一组,对奉贤乡土纸艺的表现形式、内容进行调研,了解奉贤乡土纸艺在生活中的运用,走访目前奉贤乡土纸艺的传承人,知道现有的授课方式,提出学习奉贤乡土纸艺的方案,并汇总调研过程及结果,完成学习档案袋。在此基础上思考:作为当代学生,如何守正乡土纸艺? 如何创新奉贤乡土纸艺? 引导学生在调研后学习非遗传承人坚守的乡土纸艺制作方式、创意内容、生活应用,进一步扩大奉贤乡土纸艺的影响并提升传播的速度。学生将在项目实施中知道传承民间工艺的重要性和奉贤乡土纸艺的设计制作方法,理解奉贤纸艺的设计原则,并运用纸艺技法为节日和婚庆设计纸艺作品。

三、项目设计

（一）挑战性问题

本质问题:为什么要在我们的艺术课堂上学习奉贤乡土纸艺?

驱动性问题:怎样的作品可以作为奉贤乡土纸艺作品? 应该如何传承奉贤乡土纸艺?

（二）项目目标

1. 以小组形式查找资料,调研奉贤乡土纸艺的特点,了解奉贤乡土纸艺的设计原则。

2. 走访奉贤乡土纸艺传承人,考察奉贤乡土纸艺的传承方式,提炼并说出守正奉贤乡土纸艺的方法与理念。

3. 基于前期调研完成学习档案袋,并设计制作乡土纸艺作品。

（三）子任务/子问题分解

项目任务：制作具有奉贤乡土特色的纸艺作品。

子任务："奉贤纸艺"的形式和内容

调研：奉贤纸艺的形式有哪些？具有怎样的特征？

案例：调研奉贤纸艺的表现内容与特征

奉贤纸艺种类	表现内容	特征
剪纸	中华人民共和国成立前，以"香火"为生的艺人大多擅长剪纸。他们的作品内容常取材于古典名著、历代典故、民间传说、吉祥如意等，如"八仙过海""水浒人物""西游记人物"。这些作品传承了中华民族优秀传统文化，展现了中国传统文化的魅力。中华人民共和国成立后，题材有所拓宽，具有民族文化特色。	刀法精妙入微，挺拔有力，线条明快丰富，构图隽秀优美。以有色光纸为主要材料。将纸折叠起来，用笔勾画图案，剪成纸花，种类繁多，一般以花鸟人物为主，形态逼真、千姿百态、造型美观，具有民族文化特色。
刻纸	将传统刻纸艺术与绘画、版画相融合，运用阴刻、阳刻、套色以及色彩渐变等多种方法来表现图案，用图案纹样来调整画面黑白关系。在民间传统的基础上融入现代审美意识，在抽象中加入现实意境，散发着刻纸特有的灵气，不仅构图生动活泼，细腻的线条更是丝丝相扣。	博采众长，与书画的斗方、条幅，建筑中的砖雕、花窗，历代文物中的陶瓷铜玉等相结合，具有极高的艺术品位，主要特点可用五个字来概括：巧、雅、新、趣、博。
折纸	《大闸蟹》《中国茶具》《十四彩球》《金鸡报春》等作品，形象惟妙惟肖，造型生动直观。	运用纸的不同质地、性能，采用折、叠、卷、翻、插等方法，辅之以剪接、拼画等技艺，表现各种物体栩栩如生的空间立体形态。

项目化案例二：探索传统纸艺表现形式

年级	子项目主题	媒材
低年级	参观博物馆，提高纸艺技能 参加图书馆纸艺活动 区非遗办寻找现存纸艺作品	相机、剪纸工具及 PPT 制作
高年级	数字展厅，开阔艺术形式 镇文化馆寻访纸艺作品 区非遗办调研奉贤乡土纸艺发展	相机、剪纸工具及平板电脑

一、项目简介

上海南郊的奉贤,自古以来流传着三种人们喜爱的纸艺种类,分别是剪纸、刻纸和折纸。奉贤乡土纸艺通过刻、剪、折这样的传统手工工艺,成为人们生活中,特别是喜庆、丧葬、装饰时的必备用品。奉贤乡土纸艺的表现形式和特征是什么样的,需要通过调研了解。作为传承奉贤乡土纸艺的学生,探索传统纸艺表现形式,有利于传承奉贤的文脉精神。

二、项目介绍

奉贤乡土纸艺可追溯到清代,流传至今已有两百多年历史。奉贤乡土纸艺传承至今已经累积了厚实的文化基础和表现的技法。本项目结合七年级美术教材"美术家如何创作""充满形式美的立体构成""展示我们的构成",八年级艺术教材"艺术展现的社会风貌""艺术反映的社会生活""艺术描画的历史长卷",六人一组,对奉贤乡土纸艺的表现形式、内容进行调研,了解奉贤乡土纸艺的表现形式,走访目前奉贤乡土纸艺表现形式的发展,收集关于奉贤乡土纸艺各类传统表现形式的资料,并汇总调研过程及结果,完成学习档案袋。

在此基础上思考:作为当代学生,如何对奉贤乡土纸艺进行调研与学习? 引导学生在调研后学习奉贤乡土纸艺的创作表现方式,为创作"讲述奉贤故事"的纸艺作品做准备。学生将在项目实施中知道奉贤文化、奉贤故事的表现形式和奉贤乡土纸艺发展。

三、项目设计

(一) 挑战性问题

本质问题:传统的奉贤乡土纸艺有什么是值得我们当代学生学习的?

驱动性问题:历史存留的奉贤乡土纸艺都有哪些表现的形式?目前奉贤乡土纸艺的各项目还在坚守传统的表现形式么?

(二) 项目目标

1. 以小组形式通过查找资料调研奉贤乡土纸艺的表现形式,了解剪纸、刻纸和折纸的历史发展和目前状况。

2. 走访奉贤博物馆、非遗办、文化馆等存有乡土纸艺作品和发展历史的部门,考察奉贤乡土纸艺的表现形式,提炼并汇总奉贤乡土纸艺表现形式与技法的资料。

3. 基于前期调研完成学习档案袋。

（三）子任务/子问题分解

项目任务：调研奉贤乡土纸艺的技法发展和表现方式的变革。

子任务1：参观博物馆"上海国际纸艺展"或网络展厅，交流参观后得到的启发。

1. 调研：奉贤纸艺的技法有哪些？从剪纸、刻纸或折纸中选择喜爱的一项来说明。

案例：调研奉贤传统纸艺表现形式的技法

地方场馆	调研形式	得到的启示
博物馆	参观纸艺展	看到了更多的纸艺技法
博物馆数字展厅	参观"上海国际纸艺展"数字展厅	拓宽了艺术的表现形式和展示的形式
文化馆	青少年纸艺活动	与传承人面对面学习技能技法，有更多的体验
镇文化馆	组队寻找纸艺作品	看到一些经典作品和传承人的创作，感叹奉贤乡土纸艺的精妙
区非遗办	调研奉贤乡土纸艺的发展	了解到奉贤乡土纸艺悠久的历史及其在生活中的使用
区非遗办	了解、收集现存奉贤乡土纸艺作品	拍照存档，学习传统纸艺作品的设计和纹样

2. 到非遗办考察，了解奉贤乡土纸艺的发展，收集传统纸艺作品，知道奉贤乡土纸艺的历史、用途、创作方法。

案例：走访奉贤非遗办

资料：奉贤乡土纸艺是上海市奉贤区自古流传下来的，通过雕刻、剪切、折叠而展开的传统手工艺。在过去，时行陪葬祭品，"香火"活各师各宗，风格独特。纸艺品大致用于喜庆、点缀、丧葬、避邪。在婚嫁、祝寿、节庆中以吉祥、富态、祝福的题材为主，如"八吉""双喜""双钱""双蝶""龙凤""松鹤延年""福禄寿""仙童献寿桃""刘海耍金钱""和合二仙""武松打虎""岳飞枪挑小梁王"等。在服饰、枕头、裙衫、头巾、窗花、鞋面、肚兜上，以戏、花、鸟、虫等形象来点缀。神仙、传说中的人物如"十殿阎王""太上老君""玉皇大帝"等一般用于丧葬祭品。"钟馗打鬼悬于屋"等，祈求远离灾难。随着时代的变迁、观念的转换和习俗的改变，很多依靠奉贤纸艺谋生的艺人渐次改行转业。

3. 提出创作传统奉贤纸艺作品的方案

案例：奉贤节庆装饰纸艺

真实情景：为迎接国庆节，请同学们研究奉贤纸艺的表现形式和内容，设计创作节日期间使用的装饰纸艺作品。

前期准备:调查了解奉贤节庆期间使用的传统纸艺作品有哪些,分别有哪些寓意;奉贤传统纸艺的表现技法有哪些适合用于节庆假日。

活动过程:

讨论:纸艺表现节庆的传统图形,怎样可以重新组合为有寓意的节庆剪纸? 国庆期间有哪些场合会使用到纸艺作品?

创作一幅节庆纸艺作品。

展示节庆期间使用纸艺作品装饰的图片。

课程评价:

与国庆假日的场合相匹配。

传统纹样的图形使用和寓意的释义匹配。

作品采用了奉贤乡土纸艺的表现技法。

4. 创作传统纸艺作品的活动过程

案例:守正传统奉贤纸艺——窗花剪纸创作

赏析:赏析不同时代的窗花,了解窗花的用途;观察了解窗花的发展和形式美。

研讨:传统窗花有哪些形态? 由哪些传统基本纹样组成?

讨论传统窗花的形式美法则是哪些?

尝试:试着用八折剪纸和四折剪纸创作代表"迎新年"传统剪纸的窗花。试着用任何折剪法设计创作"迎新年"窗花。

交流:以小组为单位交流资料查找结果,并且展示作品。其他小组聆听资料交流并提出建议,开展评价。

改进:根据课堂交流结果改进守正传统"迎新年"窗花作品。收集创作过程资料,存入"纸艺表现形式学习档案袋"。

案例:守正传统奉贤纸艺——对称剪纸创作

赏析:赏析各类不同形式的对称剪纸,了解对称剪纸的寓意和用途。观察了解对称剪纸的特征。

研讨:对称剪纸的图案由哪些传统图形纹样组成? 装饰图形的组合寓意有哪些?讨论传统对称剪纸的创作形式有哪些。

尝试:试着用折剪法创作传统对称剪纸。试着用任何有寓意的植物、动物、人物纹样设计创作对称剪纸。

交流:以小组为单位交流资料查找结果,并且展示作品。其他小组聆听资料交流并提出建议,开展评价。

改进:根据课堂交流结果改进守正传统对称剪纸作品。收集对称剪纸作品创作过程资料,存入"纸艺表现形式学习档案袋"。

案例:守正传统奉贤纸艺——喜花剪纸创作

赏析:赏析各类不同形式的喜花,了解喜花用途。观察了解喜花的发展、形式美。

研讨:传统喜花有哪些装饰形式?由哪些传统图形纹样组成?装饰图形有什么寓意?讨论传统喜花的创作形式有哪些。

尝试:试着用折剪法和不对称剪纸的形式创作传统"喜花"剪纸。试着用任何折剪法设计创作"双喜鱼"窗花。

交流:以小组为单位交流资料查找结果,并且展示作品,说明设计寓意。其他小组聆听资料交流并提出建议,开展评价。

改进:根据课堂交流结果改进守正传统"喜花"作品。收集"喜花"创作过程资料,存入"纸艺表现形成学习档案袋"。

子任务2:"奉贤纸艺"的守正与传承

1. 调查研究、分析奉贤纸艺的类别、艺术语言、传承方式

奉贤纸艺种类	类别	艺术语言	传承
剪纸	一般以花鸟人物为主,形态逼真、千姿百态、造型美观,具有民族文化特色。艺品配用白纸或异色彩纸做衬托,引人醒目。	以有色光纸为主要材料,将纸折叠起来,用笔勾画图案,剪成纸花。	青村镇金王村李国华虽技艺精湛,但年事已高,且眼力渐退,尚无传人。李窑、北唐、丁夏等村的艺人都已年逾古稀,均无后人继承。
刻纸	将传统刻纸艺术与绘画、版画相融合,运用阴刻、阳刻、套色以及色彩渐变等多种方法来表现图案,散发着刻纸特有的灵气,不仅构图生动活泼,细腻的线条更是丝丝相扣。	奉城刻纸,可以追溯到清雍正四年,曾为江南一绝。刀法精妙入微,挺拔有力,线条明快丰富,构图隽秀优美,作品细腻精湛。	在区级非遗刻纸传承人周宝才的指导下,二代传人沈丽华以工作室为载体,开发刻纸课程,创建了具有特色的非遗课堂,激发社区居民传承和弘扬中华优秀传统文化的热情。
折纸	《大闸蟹》《中国茶具》《十四彩球》《金鸡报春》等作品,形象惟妙惟肖,造型生动直观。	中国传统手工艺千百年来以其独特的艺术魅力广泛流传于世界各地。艺人们运用纸的不同质地、性能,采用折、叠、卷、翻、插等方法,辅之以剪接、拼画等技艺,表现出各种栩栩如生的物体。	折纸仅属于活动范畴,还没有被真正纳入艺业行列。区级非遗传承人邵复全至今坚持折纸艺术的传播。

2. 结合奉贤的文化、传统地标建筑的特点，设计传统纸艺剪纸。

案例：守正传统奉贤纸艺——中式花窗剪纸创作

赏析：赏析各类奉贤园林中不同形式花窗的艺术语言，了解花窗的用途。观察了解剪纸表现花窗的创意表达。

研讨：传统园林花窗有哪些装饰形式？装饰图形有什么寓意？讨论传统花窗中植物、动物、文字、几何等图案与剪纸表现之间的创作联系与表现方法。

尝试：用传统纸艺装饰纹样创作传统园林花窗剪纸。

交流：以小组为单位交流资料查找结果，并且展示作品，说明设计寓意。其他小组聆听资料交流并提出建议，开展评价。

改进：根据课堂交流结果改进守正传统花窗作品。收集花窗剪纸作品创作过程资料，存入"奉贤纸艺学习档案袋"。

3. 奉贤纸艺溯源，策划奉贤纸艺展

案例："守正传统"奉贤乡土纸艺展

赏析：赏析各类奉贤乡土纸艺的艺术语言，了解其特征和用途。观察了解奉贤乡土纸艺的表现形式及其所表达的寓意。

研讨：通过走访传承人，研究奉贤传统纸艺的经典作品，为经典纸艺作品和自己创作的作品策划一个展览。讨论奉贤乡土纸艺的展览形式、特色、理念、内容的发展与时代的关系。

尝试：设计布置一个奉贤乡土纸艺展，尝试表达展览所传递的文化理念。

交流：以班级为单位、小组为展台交流奉贤乡土纸艺展策展想法，并且设计布展，说明设计理由和文化传达。班内交流资料并提出建议，开展评价。

改进：根据班级内各小组交流讨论结果，改进"守正传统"奉贤乡土纸艺展的布展设计。收集展会资料与创作过程资料，存入"奉贤纸艺学习档案袋"。

四、预设成果/预设评价

寻访奉贤乡土纸艺传承人及其代表作品，欣赏奉贤纸艺之美，分析纸艺的设计原则，形成调研数据。

参观传承人及教学场所，了解奉贤文化和传承守正的必要性。

参考浦东美术馆《徐冰的语言》个展，查找并分析策展的主题、要素、方法，以小组为单位完成奉贤乡土纸艺的策展设计。

（一）评价的知识与能力

1. 运用费得曼鉴赏法分析《徐冰的语言》个展的主题、要素和方法。

2. 用思维导图整理奉贤乡土纸艺的发展、特色、内容。

3. 掌握效果图手绘技能,策划《守正与传承——奉贤乡土纸艺展》。

4. 策划一次小型奉贤纸艺展。

（二）团队成果

1. 调研浦东美术馆《徐冰的语言》个展和奉贤区博物馆《上海国际纸艺展》,了解策展的步骤和方法,并积累作品相关资料。

2. 走访奉贤乡土纸艺传承人,考察纸艺表现内容与时代的关系,形成奉贤乡土纸艺展的策展方案与文化理念。

3. 形成学习档案袋。

（三）评价的知识与能力

1. 奉贤纸艺展布展设计方案、草图绘制的合理性。

2. 奉贤纸艺展设计的区域规划。

3. 纸艺作品内容所展示的发展理念。

五、项目实施

入项:

1. 查找奉贤纸艺相关资料,感受运用折、剪、刻等技法所形成的不同艺术效果。

2. 引导学生说说自己通过调研了解的奉贤纸艺的发展与奉贤文化、民俗的关系,识别奉贤纸艺特有的艺术表现方法,了解奉贤纸艺非遗传承人,体会守正传统对奉贤纸艺传播的效度,初步理解守正创新的意义与价值。

3. 提出驱动性问题:"怎样的作品可以作为奉贤乡土纸艺作品? 奉贤乡土纸艺传递了什么样的内容?"组织学生讨论。

4. 提问:"奉贤纸艺通常运用在哪些地方?"学生结合生活经验回答。

5. 教师带领学生走访奉贤纸艺传承人,了解奉贤纸艺的设计制作方式和传承方式。

6. 明确任务:研究奉贤纸艺的形式和特征,设计制作节庆传统纸艺。

7. 头脑风暴,汇总针对任务想要了解的问题或需要掌握的知识。

8. 教师汇总整理"云图"。

子任务 1:调查了解奉贤纸艺相关资料

1. 整理学生提出的相关问题。

奉贤纸艺的分类及各自特征?

奉贤纸艺目前的传承方式有什么优缺点?

奉贤纸艺的纹样风格、寓意与传统文化有怎样的关系?

奉贤纸艺与传统纸艺有什么区别?

2. 欣赏奉城刻纸、青村剪纸、南桥折纸的代表作和中国传统剪纸的代表作。从内容上看有什么样的区别？纹样的构思是怎样的？

奉贤剪纸、刻纸的纹样与奉贤文化之间有什么关系？

奉贤折纸汲取了传统文化与人民生活中的哪些要素？

3. 分析南桥传统折纸结构与特色、市级非遗传承人的折纸逻辑，了解奉贤折纸与其他折纸的区别。

探索：

（1）选择一个自己喜欢的奉贤纸艺门类进行相关调研，分析风格要素、与传统文化的关系、传承方式等。

（2）形成调研报告，并交流分享。

修订：

教师帮助学生归纳调研素材，总结奉贤纸艺相关要点。

探索：

（1）组织学生根据任务需求与设计原则调研奉贤纸艺，参观奉贤博物馆网上数字展厅，查看《国际纸艺展》。

（2）学生形成调研报告，交流分享。

（3）学生以小组为单位，根据已有资料，为当前的生活设计"奉贤纸艺"节庆传统元素、设计图、作品。

评价与完善：

（1）公开交流方案，师生给出建议。

（2）完善方案。

（3）各组自选奉贤纸艺门类和材料，制作节庆传统纸艺。

公开成果：

（1）展示节庆传统纸艺。

（2）形成学习档案袋。

子任务 2：奉贤纸艺——青溪老街剪纸

1. 整理学生提出的相关问题。

（1）青溪老街有哪些特色景观？

（2）青溪老街的建筑有哪些特征？

（3）奉贤纸艺如何表现青溪老街？

（4）奉贤纸艺表现青溪老街与传承传统文化有什么关系？

2. 研讨奉城刻纸、青村剪纸、南桥折纸如何表现青溪老街。

（1）从内容上看如何表现？纹样的构思是什么样的？

（2）奉贤剪纸、刻纸的纹样与青溪老街之间有什么关系？

（3）奉贤乡土纸艺技法表现了人民生活中的哪些要素？

探索：

（1）选择一个自己喜欢的奉贤纸艺门类表现青溪老街某一景物，分析风格要素、与传统文化特色的关系、传承方式等。

（2）学生形成调研报告，交流分享。

修订：

教师帮助学生归纳调研素材，总结奉贤乡土纸艺创作的相关要点。

探索：

（1）组织学生根据任务需求与设计原则，以创作青溪老街为目的调研奉贤纸艺，组织学生参观青溪老街或线上查询资料。

（2）学生形成调研报告，交流分享。

（3）学生以小组为单位，根据已有资料，为青溪老街设计纸艺设计图、作品。

评价与修订：

（1）公开交流方案，师生给出建议。

（2）完善方案。

（3）各自选择奉贤纸艺门类和材料，制作青溪老街纸艺作品。

公开成果：

（1）展示青溪老街纸艺作品。

（2）形成学习档案袋。

出项：

教师反思：注重真实情景设计的项目设计，可以促使学生从复杂的知识中梳理学习过程、推理学习理念，通过超越学科界限的研究，进行深度的探究和自主学习，将一个从来没有接触过的策展活动进行任务分解、分工合作，从而完成任务。在整个项目实施中，教师是参与者而不是教育者，学生也是参与者，而不是聆听者。但是学生缺乏的是资料的积累，教师须提示学生养成积累素材的习惯。

教师成长：为了设计本项目，教师在理论方面加强了学习，技法方面增加了训练，对项目化有了更深的理解。首先，在设计实施过程中，教师发现学生自主学习的能力与潜质是以往被忽视的，同时忽视的还有学生对于家乡文化艺术的热爱，在激发学生学习兴趣之后，学生能根据个人资源和最近发展区设计学习方案，并主动进行探究实践，教师在项目中更多扮演"非玩家"角色，即推动项目进行并给予学生指导的人。其次是社会资源的运用，作为教学场所，学校有一定的局限性，应该发挥区域、社会资源优势，基于自身认知理论，融入优质社会资源，开拓学生的学习路径，丰富学生学习场景。

项目化案例三：我的家园——青溪老街①

项目覆盖学科及课时数

项目覆盖学科	年级	课时数
语文	八年级	3
艺术	八年级	3
历史	八年级	1

一、项目简述

　　本案例以"我的家园——青溪老街"为项目主题,我校语文、美术、历史教师通过共同研讨、开发、执教,将项目化学习运用于语文、美术、历史的跨学科教学。从真实问题出发,通过驱动性问题:为奉贤博物馆策划并实施"我的家园——青溪老街"微展示,建构艺术与语文、历史学科的联系,重组艺术学科零散知识内容之间的内在联系,从跨学科的视角认识事物、建构联系、解决问题。

　　培养学生人文情怀、审美情趣,能自觉、有效地获取、鉴别、评估、使用信息;具有数字化生存意识,主动适应"互联网+"等社会信息化发展的趋势;学生应该具备网络伦理道德和信息安全意识,同时具有国家意识,了解国情历史,认同国民身份,能够自觉维护国家主权、尊严和利益。此外,学生还应该具备文化自信,尊重中华民族的优秀文明成果,有能力传播和弘扬中华优秀传统文化和社会主义先进文化。

二、项目目标

（一）核心概念

家国情怀:

语文学科(义务教育语文课程标准2022):文化自信是指学生认同中华文化,对中华文化的生命力有坚定信心。通过语文学习,热爱国家通用语言文字,热爱中华文化,继承和弘扬中华优秀传统文化、革命文化、社会主义先进文化,关注和参与当

---

① 本案例由孟丽丽、卫勤、刘红设计并实施。

代文化生活,初步了解和借鉴人类文明优秀成果,具有比较开阔的文化视野和一定的文化底蕴。

历史学科(义务教育历史课程标准2022):家国情怀是学习和探究历史应具有的人文追求与社会责任。学习和探究历史应充满人文情怀并关注现实问题,热爱家乡,热爱祖国,放眼世界,以服务于国家富强、中华民族伟大复兴和人类命运共同体的构建。在义务教育阶段,要求学生形成对家乡、国家和中华民族的认同,具有国际视野,有理想、有担当。

艺术学科(义务教育艺术课程标准2022):"继承与发展文化遗产"的教学重点是:采用调查地方工艺、参观历史和民俗博物馆、考察历史遗址和遗迹、邀请民间艺人进课堂、组织课堂讨论或辩论会的教学方式,引导学生认识非物质文化遗产的意义与作用;指导学生提炼非物质文化遗产的元素,并将其融入文创产品的设计与制作;结合其他学科的知识、技能和思维方式,开展"中国文创产品走向世界"等传播中华优秀传统文化的拓展活动;注重引导学生理解"中华优秀传统文化需要创造性转化、创新性发展",增强文化自信,涵养家国情怀。

(二) 核心知识与能力

历史:历史课程的教学以学生为本,充分考虑学生学习历史、认识历史的特点,通过学生自主探究的学习活动,体现学生在教学中的主体地位,实现历史课程育人方式的变革。提倡选择多样化的教学资源,探索多样化的教学方式和方法,鼓励将现代信息技术与历史教学深度融合。培养学生学会学习、发现和解决问题的能力,为创新型人才成长奠定基础。

艺术:了解"设计满足实用功能与审美价值,传递社会责任"的设计原则,能为学校或社区的学习与生活需求设计作品,形成设计意识,增强社会责任感。了解非物质文化遗产的含义,制作传统工艺品或文创产品,认识继承与发展文化遗产是我们的责任。了解美术对个人发展、社会进步及构建人类命运共同体具有独特的作用,进一步提升综合探索与学习迁移的能力。

语文:学会运用多种阅读方法,具有独立阅读能力。能阅读日常的书报杂志,初步鉴赏文学作品,能借助工具书阅读浅易文言文。学会倾听与表达,初步学会用口头语言文明地进行人际沟通和社会交往。能根据需要,用书面语言具体明确、文从字顺地表达自己的见闻、体验和想法。

(三) 课程标准及教材章节

1. 课程标准

语文:

(1) 学会倾听与表达,初步学会用口头语言文明地进行人际沟通和社会交往。

（2）能根据需要,用书面语言具体明确、文从字顺地表达自己的见闻、体验和想法。

艺术:

（1）能为学校或社区的学习与生活需求设计作品,形成设计意识,增强社会责任感。

（2）了解非物质文化遗产的含义,制作传统工艺品或文创产品,认识继承与发展文化遗产是我们的责任。

（3）理解美术对个人发展、社会进步及构建人类命运共同体具有独特的作用,进一步提升综合探索与学习迁移的能力。

历史:培养学生学会学习、发现和解决问题的能力,为创新型人才成长奠定基础。

2. 教 材 章 节

学科	年级	章节
语文	八年级	第四单元和第八单元
艺术	八年级	第三单元
历史	七年级	古代史

（四）学习素养

在学生实践方面,通过设计一份"青溪老街"海报并汇报交流、用纸艺形式创作"青溪老街街景图"、策划一场"青溪老街精神文化"微展示活动,提升学生学会学习、发现和解决问题的能力,帮助学生认同中华文化,对中华文化的生命力有坚定信心,致力于继承与发展文化遗产,学习和探究历史应具有的人文追求与社会责任。

（五）项目路径（计划）

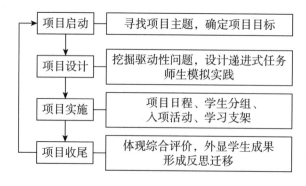

项目路径（计划）

我的家园——青溪老街		
支持性问题 1	支持性问题 2	支持性问题 3
认识青溪老街	描述青溪老街	展望青溪老街
形成性评价	形成性评价	形成性评价
设计一份"青溪老街"海报并汇报交流	用纸艺形式创作"青溪老街街景图"	策划一场"青溪老街精神文化"微展示
教学支架与学生活动	教学支架与学生活动	教学支架与学生活动
1. 查阅资料,了解青溪老街缘起。	1. 了解融合纸艺的起源,纸的前世今生、纸艺纹样的由来、纸艺的精神。	1. 讲故事。结合创意纸艺作品,讲述"青溪老街"的故事。涉及八年级语文下册第四单元"学习演讲"、第八单元"学写故事"内容。
2. 了解青溪老街的发展。	2. 传统地域不同乡土纸艺的区别:奉城刻纸、青村剪纸、南桥折纸。	2. 选择故事《吴王夫差》《孔门言偃》《陶宅青溪》等。
3. 查阅资料,了解青溪老街与奉贤发展的关系。	3. 地域特色创意纸艺制作基本流程和要点。	3. 撰写故事,完成演讲稿的撰写,然后进行演讲练习。
4. 绘制以"青溪老街"为主题的海报、汇报交流。	4. 制作地域特色创意纸艺,描述青溪老街。	4. 演讲有关创意纸艺"青溪老街"的故事。

三、挑战性问题

(一) 本质问题

培养学生家国情怀。认同中华文化,对中华文化的生命力有坚定信心。学习和探究历史应具有的人文追求与社会责任。继承与发展文化遗产,增强文化自信,涵养家国情怀。

(二) 驱动性问题

为奉贤博物馆策划并实施"我的家园——青溪老街"微展示,建构艺术、语文、历史学科的联系,重组艺术学科零散知识内容之间的内在联系,从跨学科的视角认识事物、建构联系、解决问题。

四、预期成果与评价

(一) 预期成果

1. 前期:初步形成方案。

2. 中期:绘制以"青溪老街"为主题的海报,汇报交流地域特色创意纸艺制作,描述青溪老街,演讲有关创意纸艺"青溪老街"的故事等。

寻"宝"青溪老街

3. 后期:绘制以"青溪老街"为主题的海报,汇报交流地域特色创意纸艺作品,描述青溪老街,演讲有关创意纸艺"青溪老街"的故事等。(学生成果)

学生成果

（二）预期评价（可以设置评价单、评价量规、测试题等）

1. 评价方式：自评、互评等。

2. 评价方法：阶段性评价、综合评价等。

五、项目实施

教师核查清单

清单项	已核查请打钩
1. 我做好了项目的设计书并听取了同伴和学生代表的意见。	☑
2. 我清楚每一个阶段的项目的检核点。	☑
3. 我清楚学生最后将要产生的成果及如何评判其质量。	☑
4. 我对学生如何分组心中有数。	☑
5. 我准备了过程中的学习支架以支持不同类型和水平的学生学习。	☑
6. 我有简略的课时计划。	☑
7. 我准备了项目中必要的相关资源，如表单、PPT 等。	☑
8. 我确认了活动中所需要的场地、相关外部支持人员等。	☑
9. 我留出了教室、走廊空间用以项目化学习的研究和展示。	☑

总之，奉贤特色纸艺动画融合课程的实践教学，通过传统纸艺内容的守正课程和创新纸艺内容的教学，教会学生通过结合时代的新特征改变传统纸艺表现的内容，将传承千年的纸艺进行创新性发展，达到实现长久保护的效果。

第二节　奉贤特色纸艺动画融合课程的创新

"创意思维为优先发展目标"的基于项目学习的美术观认为：学生在合作学习中发挥创意，提高了写作能力、造型能力、绘本制作技能以及合作创新能力、展示发表能力等 21 世纪技能，激发起热爱上海的情感，并获得了对上海文化的认同感。[①] 奉贤特色纸艺动画融合课程就是通过项目化的方法促使学生创意表现奉贤文化，获得对家乡奉贤的热爱与认同感。

---

① 钱初熹．基于项目学习的美术教育［M］．上海：上海教育出版社，2021：12－13．

项目化案例四：“奉贤非遗与特色纸艺”创意纸艺

年级	子项目主题	媒材
低年级	奉贤非遗	纸艺工具及 PPT 制作
高年级	美丽家乡	纸艺工具及平板电脑

一、项目简介

　　中国非物质文化遗产作为中国各族人民智慧的结晶，其创造过程始终与灿烂的中华历史文明的进程紧密联系在一起，体现着人类文明的发达程度。奉贤非遗艺术项目众多，除了奉贤乡土纸艺外，皮影也是奉贤历史悠久的艺术表现形式。奉贤区金汇镇齐贤皮影戏属浙江海宁流派，皮影造型独特，唱腔以本地山歌为原型，加之吹、拉、弹、打伴奏乐器，形成了独特的艺术形式。皮影戏以其特异的艺术魅力和文化价值而享誉海内外，被誉为“活着的中国艺术宝库”。奉贤金汇皮影戏的音乐风格和表演形式，融合了中国传统文化的精髓，具有很高的文化价值和内涵，是中华文化宝库中的一颗璀璨明珠。作为奉贤文化的传递者，请你调研奉贤的非遗项目，掌握非遗项目、美丽家乡与奉贤纸艺的联系，用奉贤乡土纸艺表现创作奉贤非遗。

二、项目介绍

　　奉贤的非遗项目涵盖吃、穿、住、行等各个方面，如白杨村山歌、孙文明民间二胡曲、鼎丰腐乳、奉贤山歌剧、庄行土布、庄行羊肉烧酒、京剧服装制作等。我们的先辈一代代地将血脉凝结其中，世代相传，直至今天。奉贤非遗既是奉贤历史发展的见证，又是珍贵的、具有重要价值的文化资源，奉贤文明发展造就了当下美丽的家乡。本项目结合九年级“中华文明的非遗传承”“代代相传的艺术瑰宝”“承前启后的艺术发展”“兼收并蓄的艺术创意”“多元交融的艺术创作”“地域特色与民族风格”“岁月造就的时代风格”，八年级“艺术反映的社会生活”“艺术描画的历史长卷”“艺术传递的内心情感”“艺术诉说的动人故事”，六人一组，了解奉贤文化；以奉贤非遗和美丽家乡为表现主题，走访各文化馆和乡村振兴局调查档案史料，对奉贤非遗和美丽家乡进行调研，了解奉贤的非遗项目发展和美丽乡村建设情况，汇编成史料集；尝试用奉贤纸艺表现奉贤非遗和美丽家乡，为创作“奉贤故事”纸艺动画作品做准备。将调研过程及结果的各类资料汇总并收入学习档案袋。

思考:作为奉贤文化熏陶下的学生,你怎样看待奉贤非遗文化? 如何创新奉贤乡土纸艺动画表现美丽的家乡? 在创新创意内容、生活应用的同时,探究奉贤纸艺的文化发展方向。

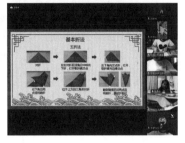

课程截图

三、项目设计

(一) 挑战性问题

本质问题:如何用奉贤乡土纸艺表现奉贤非遗项目和美丽的家乡?

驱动性问题:如何用奉贤乡土纸艺作品表现各种奉贤非遗项目? 以纸艺动画表现美丽乡村需要哪些创作元素?

(二) 项目目标

1. 以小组形式,通过查找资料调研奉贤非遗项目及其发展现状,尝试用纸艺的方法表现奉贤非遗和美丽乡村。

2. 到各文化部门调查档案史料,了解奉贤非遗项目代表和美丽乡村的景象,汇编成资料集。

3. 研究尝试创作关于奉贤非遗的纸艺动画作品,为创作"讲述奉贤故事"做准备。

4. 基于前期调研完成学习档案袋,设计制作表现奉贤非遗的乡土纸艺动画作品。

（三）子任务/子问题分解

项目任务:以奉贤非遗、美丽家乡为创作主题,以奉贤乡土纸艺为主要技法,设计一件纸艺作品。

子任务1:调查档案史料,了解奉贤非遗项目代表和美丽乡村的景象,设计一件纸艺作品。

案例:"奉贤非遗项目和美丽乡村"的形式和典型照片

项目	形式	典型照片
皮影	皮影戏在奉贤齐贤已有上百年的历史,其源于浙江海宁一带。皮影戏在本地也称皮囤头戏、影戏。一般以2人(俗称上手)操纵为主,另有1名副手(俗称翻箱子)专门为上手传递人物道具。	皮影
江南丝竹	江南丝竹是流行于江苏南部、浙江西部、上海地区的丝竹音乐的统称。金汇(河东帮)清音班,是奉贤境内影响最大的一个民间音乐团体,属于自发性组织的业余文化社团,其成员由农民、小手工业者、商人等组成,他们经常应邀参加结婚礼、寿庆、地方庙会等活动,纯属义务性质,不计报酬。	江南丝竹

1. 调研:奉贤非遗项目有哪些? 分别蕴含什么样的文化?

案例:调研奉贤非遗项目的特征与文化内涵

奉贤非遗项目	特征	文化内涵
滚灯	国家级非物质文化遗产,是一种集舞蹈、杂技、体育为一体的传统民间艺术,已有700多年的发展历史,被称为"中华一绝"。	滚灯置之静态而无华,舞之则妙不可言;无论是胸针、茶具还是摆件,以滚灯为原型创作的文创产品和衍生艺术品尽现滚灯"旋""飘""滚"的特色,彰显了非遗连接和融入现代生活的理念。
写实石刻	以人们日常所见的竹、木、笋、荷、瓜、果、虫、鱼等为题材,其表现形式不拘泥于砚的雕刻,已拓展至笔筒、茶壶、砚滴、印泥盒等文房雅玩的雕刻。	复杂的制作工艺、精巧的构思,独具海派风格,"肖形象物"堪称一绝。真假难辨千回刻,精雕细琢匠心传。

奉贤非遗项目	特征	文化内涵
青团	奉贤的农家点心,随季应时,花色众多。其中尤以用优质糯米粉加"麻花郎"野菜合二为一制作的青团,以色、香、味俱佳堪称一绝。庄行青团俗名"麻花郎"圆子,又称"乌金蛋"。	有600多年历史,色泽翠绿,弹性十足,甜的不粘不腻,咸的鲜美爽口,食之满口芳香,回味无穷。翠绿如玉、软糯清香的春季时令点心"包裹"着古往今来的食俗文化。

2. 使用奉贤乡土纸艺表现创作奉贤非遗项目。

案例:奉贤纸艺内容创新——奉贤非遗项目和美丽家乡

真实情景:奉贤非遗项目发展至今,一贯以各自的文化特征展示在人们眼前。然而时代发展到现在,人们的生活发生了变化、理念有了新的认识,非遗的呈现方式也产生了变化,如照片、视频、推送等。结合奉贤乡土纸艺,请同学们研究奉贤非遗项目的展示特点与文化内涵,设计创作纸艺作品,展示当代的文化融合理念。

前期准备:调查了解奉贤当代非遗项目具体有哪些。选择一个项目结合奉贤纸艺技法设计一件纸艺作品。

思考:有哪些适合用于表现奉贤美丽家乡的奉贤传统纸艺表现技法?

活动过程:

(1) 调查了解奉贤国家级、市级、区级非遗项目分别有哪些?

(2) 讨论、探究奉贤非遗项目分别有哪些生活理念和文化内涵?

(3) 使用奉贤传统纸艺表现各级非遗项目、美丽家乡。

(4) 将探究的奉贤非遗项目和创作的纸艺作品相关联,并收入成长档案。

课程评价:

(1) 奉贤文化非遗项目与纸艺表现相匹配。

(2) 传统纸艺纹样的图形使用和美丽家乡的发展理念相匹配。

3. 传统纸艺作品创作与制作的活动过程。

案例:内容创新的奉贤纸艺——奉贤非遗项目和美丽家乡

赏析:赏析奉贤非遗项目的相关照片、视频,观察了解奉贤非遗的发展和独特魅力。

奉贤玫瑰腐乳

奉贤环秀桥

研讨:通过查找资料,研究了解奉贤非遗项目与奉贤纸艺之间的转换方式,可以从哪些方面表现美丽的家乡。

讨论:奉贤非遗项目与奉贤纸艺表现元素之间的关系和转换方式有哪些?

尝试:在 App 处理的基础上,试着再处理一个奉贤非遗项目并用纸艺的基本技法加工再创作一个内容创新的纸艺作品。

交流:以小组为单位交流展示奉贤非遗纸艺作品,并且说明创作意图和文化的传达。班内组织聆听交流进行评价、并提出建议。

改进:根据交流讨论结果,改进"创新的奉贤纸艺——奉贤非遗项目和美丽家乡"纸艺作品。

收集本项目的探究和创作过程性资料,存入"奉贤纸艺学习档案袋"个人文件夹。

项目化案例五:"奉贤文化新地标"创意纸艺

年级	子项目主题	媒材
低年级	上海之鱼与周边	纸艺工具及 PPT 制作
高年级	贤人贤事	纸艺工具、问卷及平板电脑

一、项目简介

在南上海的奉贤,围绕着奉贤文化和大美奉贤的精神,规划了"上海之鱼"核心景观湖,以大地雕塑的手法开凿出金鱼造型的湖面,联通黄浦江和东海,成为奉贤区的地理标志。以"上海之鱼"为中心陆续建造了一批蕴含着优秀理念和文化的地标性文化建筑,如奉贤区博物馆、九棵树未来艺术中心等。随着奉贤纸艺的传承与发展,纸艺创作的内容也不断变化,特别是装饰和艺术表达的作品随着时代发展产生了变化。作为奉贤纸艺的传递者,请你调研奉贤近年来建设的文化新地标,掌握新地标建筑的特征,考察地标建筑的设计理念和本土文化的联系,用奉贤乡土纸艺创作新的纸艺作品。

二、项目介绍

奉贤区政府规划沿"上海之鱼"景观湖曲折有致的滨水岸线,建设以水为乐,集居住生活、商务办公、商业会展、旅游度假、休闲娱乐及游艇俱乐部于一体的生态型主题国际社区。目前因"上海之鱼"内奉贤区博物馆的各类文物展,此地成为上海乃至江浙沪地区的网红打卡地,对于奉贤区大部分学生来说是闲暇之余的好去处。本项目结合七年级"美术家如何创作""质朴的民间工艺""充满形式美的立体构成""营造和谐的家园",八年级"文化景观设计"等单元,学生自由组合为一组,对奉贤文化地标的现状进行调研,以"上海之鱼"景观湖为中心,考察周边新建地标建筑的造型、内涵,了解奉贤区当代建筑的主题;走访各文化部门调查档案史料,了解奉贤历史上的"贤人贤事",汇编成史料集;研究尝试编写关于"贤人贤事"的剧本,为创作"奉贤故事"做准备。汇总调研过程及结果的各类资料,形成学习档案袋。

思考:作为奉贤文化熏陶下的学生,如何理解奉贤乡土纸艺表现奉贤文化新地标?如何创新奉贤乡土纸艺的表现内容?在创新创意内容、生活应用的同时,探究奉贤纸艺的文化发展方向。

三、项目设计

(一) 挑战性问题

本质问题:奉贤乡土纸艺与奉贤发展之间有什么关系?

驱动性问题:怎样的奉贤乡土纸艺作品可以展现奉贤的飞速发展?创作表现"贤人贤事"的动画需要哪些元素?

(二) 项目目标

1. 以小组形式通过查找资料调研奉贤文化地标的现状,了解奉贤区当前的发展主题和文化地标设计原则,尝试用纸艺的方法表现奉贤新地标。

2. 到各文化部门调查档案史料,了解奉贤历史上的"贤人贤事",汇编成史料集。

3. 研究尝试编写关于"贤人贤事"的剧本,为创作"奉贤故事"做准备。

4. 基于前期调研完成学习档案袋,并设计制作乡土纸艺作品。

(三) 子任务/子问题分解

项目任务:以"上海之鱼"为创作主题,融合具有奉贤文化特色的地标建筑,设计一件纸艺作品。

1. 子任务:调研奉贤景观湖"上海之鱼"的形式和文化寓意,以及周边的奉贤文化新地标和建筑设计创意。

案例："上海之鱼"景观湖的形式和设计理念

景观图	形式	设计理念
"上海之鱼"景观图	以大地雕塑的手法,开凿形成金鱼造型的人工湖。平均水深3.5米,湖面成鱼型,由金汇港和浦南运河构成外围水系,形成以鱼身为中心的圆环水道。	以金海湖为主体,沿曲折有致的滨水岸线,规划建设以水为乐,集居住生活、商务办公、商业会展、旅游度假、休闲娱乐及游艇俱乐部于一体的生态型主题国际社区。

2. 调研:奉贤文化地标建筑有哪些? 分别蕴含什么样的文化?

案例:调研奉贤文化新地标的特征与文化内涵

奉贤文化新地标	特征	文化内涵
九棵树未来艺术中心	设计师希望建筑对自然的扰动较少,与森林和谐共生。建筑有生长在自然当中的感觉,进而打造一个环境优美、特色鲜明、生态环保且具有国际化视野的新地标。	是由自然生长出来的森林剧场,首次把森林、建筑、自然、城市、水系、人文与艺术等概念融为一体。
言子书院	以"言子的传学之路"为设计理念,构架水庭、绿圃、文院和贤厅等空间序列,涵盖博物展览、教学书院、学术交流等功能。	这是一座城市的文化园林,更是一座奉贤人文的精神教育殿堂,彰显中华传统文化的雅正。未来每个人都可以走进它、亲近它、感受它。
数字江海	打造一个城市数字化转型创新示范区,这也是积极响应上海全面推进城市数字化转型的要求,以区域产业发展特色为基础,大力发展生物医药和美丽健康、智能网联新能源汽车产业。以示范应用为先导,推动数字产业集群的发展。	以建设低碳、韧性强的生态绿色示范区为设计理念,以绿色发展为基本内涵。在设计中,统筹考虑多个要素,如水、绿化、岸线、建筑、能源、地下空间和海绵城市,实现全域、全环节的低碳韧性发展。

3. 提出使用奉贤乡土纸艺表现创作奉贤新地标。

4. 创作传统奉贤纸艺作品的方案。

案例:奉贤纸艺内容创新——"上海之鱼"与周边

真实情景:奉贤乡土纸艺一贯以人们的生活、经典故事、节庆装饰为表现内容。然而随着时代的发展,人们的生活发生了变化、理念有了新的认识,请同学们研究奉贤当代文化新地标的特点与设计理念,设计创作表现奉贤当代文化地标的纸艺作品,展示当代的文化理念。

前期准备:调查了解奉贤当代已建成、在建和将建设的文化地标有哪些,分别有哪些设计理念和文化内涵;有哪些适合用于表现奉贤文化新地标的奉贤传统纸艺表现技法。

活动过程:

(1) 调查了解奉贤当代已建成、在建和将建设的文化地标。

(2) 讨论、探究奉贤文化新地标建筑分别有哪些设计理念和文化内涵。

(3) 使用奉贤传统纸艺表现以"上海之鱼"为中心的奉贤文化新地标。

(4) 将探究的奉贤文化新地标资料和创作的纸艺作品的相关理念、作品进行展示,并收入成长档案。

课程评价:

(1) 与奉贤文化新地标的设计理念相匹配。

(2) 传统纹样的图形使用和新地标特色的释义相匹配。

(3) 用奉贤乡土纸艺的技法合理表现奉贤新地标。

5. 传统纸艺作品创作与制作的活动过程。

案例:内容创新的奉贤纸艺——"上海之鱼"与周边

赏析:欣赏"上海之鱼"的卫星鸟瞰照片,观察了解奉贤文化的发展和地标建筑的形式美。

研讨:通过查找资料,研究了解"上海之鱼"的地形图与纸艺之间的转换方式,"上海之鱼"的景观湖特色由哪些传统基本纹样组成? 讨论奉贤文化新地标与纸艺表现之间的关系和转换方式有哪些,比如借助 Inkwork 软件进行转换。

"上海之鱼"卫星鸟瞰图

"上海之鱼"Inkwork 处理

尝试：在软件处理的基础上，试着处理一个周边地区的文化新地标并用纸艺的基本技法，加工再创作一个"上海之鱼"及周边的文化新地标纸艺作品。

交流：以小组为单位，交流展示当代奉贤文化新地标纸艺作品，并且说明设计意图，展示创作时的文化传达。班内组织聆听资料交流并进行评价、提出建议。

改进：根据班级内各小组交流讨论结果，改进"'上海之鱼'及周边——奉贤文化新地标"纸艺作品。收集本项目的探究和创作过程性资料，存入"奉贤纸艺学习档案袋"个人文件夹。

通过打卡"上海之鱼"与周边项目的实施，在设置项目任务的前提下充分调动学生的学习兴趣。采用项目教学的方式，倡导用走出校园、走进社会的学习方法创作奉贤新地标纸艺作品，鼓励在分享中进一步改进作品的创作，跨学科培养学生解决问题的能力、知识迁移的能力和创新生活的能力。

项目化案例六："贤人贤事"创新纸艺文化地标

年级	子项目主题	媒材
低年级	贤人像	资源网站、动画人物、剪纸工具及 PPT 制作
高年级	"贤人贤事"创作	历史资料、剪纸工具及平板电脑

一、项目简介

相传孔子高徒言偃（子游）曾来奉贤境内讲学，故取"奉先贤之意"作为地名。作为南上海文化的起源，奉贤境内贤人辈出，奉贤历史上的人物及事迹，不仅成为奉贤人的一种精神财富，更推动着奉贤文化的发展。将奉贤的"贤人贤事"用纸艺的形式表现出来，更可以为奉贤乡土纸艺表现内容的创新传递一分力量。

二、项目介绍

我校坐落在奉贤青村地区，一方水土养一方人，自古以来，奉贤青村镇文人雅士、贤人志士频出，有张弼、张瀓、袁介、钟薇、黄之隽等。这些乡贤名人为这座千年古镇积淀了厚重的人文故事。

本项目结合美术教材九年级"有个性的艺术家"，八年级"我们的小剧场""文化景观设计",六年级"我们的小舞台""简洁热烈的剪纸""质朴的民间工艺""灿烂的书法艺术",六人一组,对"奉贤故事——贤人贤事"和故事内容展开调研,了解奉贤的由来和青村地区的贤人故事,融合历史、地理学科进行走访,结合语文学科创编贤人故事剧本,并汇总调研过程及结果入学习档案袋。在此基础上思考:作为当代学生,如何学习"贤人贤事"、传承奉贤人文精神?如何传递奉贤文化,进一步扩大奉贤纸艺的影响、提升传播的速度。

三、项目设计

(一) 挑战性问题

本质问题:为什么可以利用纸艺的形式传递奉贤文化?

驱动性问题:怎样的纸艺作品可以传递奉贤的"贤人贤事"? 应该如何进行创作?

(二) 项目目标

1. 以小组形式通过查找资料调研奉贤的由来和"贤人贤事",了解"奉贤故事"的剧本创编原则。

2. 融合历史、地理学科,走访奉贤区图书馆、档案局等部门,考察奉贤的由来和历代"贤人贤事",并编写"奉贤故事"剧本。提炼并提出利用奉贤纸艺守正奉贤文化精神的方案。

3. 基于前期调研和创编完成学习档案袋,并设计制作"贤人贤事"故事。

(三) 子任务/子问题分解

项目任务:调研奉贤的由来和贤人故事。

子任务:"奉贤故事——贤人贤事"的形式和内容。

1. 调研:奉贤的由来和"贤人贤事"有哪些? 传递了怎样的精神?

案例:调研奉贤的由来和贤人贤事

奉贤故事	人	事	剧本
奉贤的由来	言子	奉贤讲学	南方夫子
张弼一家	张弼	一门三进士	陶宅一门三进士
将军李待问	李待问	守城英雄	贤城李待问

2. 考察:了解"奉贤故事——贤人贤事",知道奉贤贤人的历史事迹。

案例:走访身边资料馆《奉贤历史文化名人》

教师展示学习任务:

寻找奉贤历史上的文化名人及故事,分析奉贤的文化精神由来。尝试用纸艺的技法描述奉贤贤人。

学生收集相关资料:

言子像

孔门言偃　青溪讲学

公元前506年言偃出生。20岁时取字"子游",又字"叔氏"。

言偃诞生在阖闾强吴时期。至公元前496年,吴越争霸,征战连年。促使他重视礼制,热衷礼乐。公元前485年,22岁已成年的言偃忧国忧民,决意北上求学于孔子,以将来报效祖国,造福民众。

言偃在卫国见到孔子。孔子不禁喜出望外,道:"吾得言偃,吾道南矣!"言偃的入学,得益于孔子的"有教无类"教育理念。言偃勤奋刻苦,博览典章文献,专心致志学习道德、礼义学问,从众多弟子中脱颖而出。

公元前481年,26岁的言偃去做武城宰,于是武城之政便以《礼运》之教开始。这让孔子分外满意,当场提示弟子们予以效学。

公元前479年4月11日,孔子辞世。守孝期间,言偃参与了《论语》的首次编辑。经过多年拼搏,终自成一派,成为儒学一代宗师。

公元前444年冬天,正在南游传道途中的言偃,决定到"三冈"去,于是他一路往东,经调查研究,发现这里地则僻在海滨,人则勤于耕织盐鱼,土地肥沃,生活富裕,然民性惟鲁,尚武好斗,他深感责任重大,便开始设坛讲学。聆听者不嫌贫富,来者不拒。讲授内容大致包括"六经",还有《论语》和亲撰的《礼运》等课程,受到广泛欢迎,产生了深远影响。

到了第二年的夏天,言偃离去。不久后,在家中与世长辞,享年64岁。

斗转星移,沧海桑田,言偃当年设坛讲学的地方不远处有了一条水道,叫青溪,后人把言偃此行传道称作"青溪讲学"。他的"子游氏之儒"思想留存下来,传给下一代学子,代代相传,致使青溪一带文风大振,"凡有子弟者,无不令其读书",一时才人代出,声播大江南北。

千百年来人们想念他、敬重他、崇拜他,称他为贤人。直至明洪武十九年(1386年)建青村,把城内修建的一条东西街取名古游里(后改称为"奉贤街"),以此纪念。清雍正四年(1726年)正式建县后的"奉贤"县名,正是缘于因"其地有奉贤街",清乾隆二十三年(1758年)刻印的《奉贤县志》对此有记载。

"言子像"起稿　　　"言子像"刻纸　　　　　"言子像"刻纸成品

言子塑像　　　"言子像"logo 起稿　　　　"言子像"logo

吴王夫差　葬女三冈

今奉贤南桥镇古华公园里有"三女祠"。相传吴王令其三女南逃,在行至奉贤南桥镇北二里处(今上海通惠—开利公司内)时,恐落入越兵之手,而就地悬梁自缢并埋葬于此,后人修建了"三女冈""三女祠"。

据乾隆《奉贤县志》载:三女冈,在南桥。旧图经云吴王葬三女于此,《枢要》云葬妃于此。相近有明行寺,今寺北二里有高冈是其处。

奉贤三女冈的传说让很多诗人墨客感慨挥毫,宋朝的唐询、梅圣俞、居简、王安石都有关于三女冈的诗作传世至今,其中王安石的诗最为著名和耐人寻味,名曰《次韵唐彦猷华亭十咏　其十　三女冈》,诗曰:"自古世上雄,慷慨擅功名。当时岂有力,能使死者生。三女共一丘,此憾亦难平。音容若有作,无乃倾人城。"

三女冈

陶宅青溪　贤人辈出

青溪(今青村)位于奉贤东部,元末明初逐渐发展成为滨海小镇。老一辈当地人都知道"陶宅",陶宅是青溪文化的源头。

陶宅在元末明初为松江府沿海繁荣集镇,呈现"北宅千灶,珠履三千,钟鸣会食,击鼓传更"令人咋舌的变化。元时,其后嗣陶与权家为松江府八大富豪之一。

陶宅旧时街面宽畅,人口稠密,商业兴盛。明洪武年间设巡检司、税课局。明嘉靖年间倭寇据此,历经战争烽火,由此败落。

陶宅曾以"西湖晓色"等八景著称,今仍有迹可考。明初书法家张弼也有《陶溪八景总咏》一首流传至今。

古陶宅镇历史上出现过许多杰出的文学家、书法家、诗人和医学家等,为后人称颂。

白燕诗人袁凯

袁凯,字景文,自号海叟,华亭陶溪(今青村镇陶宅)人。袁凯元末为府吏,洪武三年(1371年),被授为监察御史。袁凯工诗,有盛名,赋《白燕诗》,颇工丽,人因呼为"袁白燕"。时称"诗人之冠"。有诗集《海叟集》四卷,集外集一卷。

白燕诗人袁凯

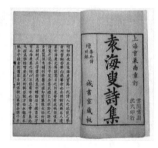
袁凯诗集

《明史·文苑》里有袁凯的传略,记述了他一生中的两件大事。第一件属政绩,针对武臣恃功骄恣的状况,提议在都督府设立学堂讲解礼法。朱元璋采纳了他用心良苦的建言。第二件大事,是某日朱元璋命袁凯送太子复省,凯还复命,帝问:"朕与东宫孰是?"凯回答:"陛下法之正,东宫心之善。"为朱元璋所恶,遂以"老猾持两端"恶之。

张氏族谱

袁凯害怕遭到诛杀,伪作疯癫,以病免职回家。落个善终。一生著有《海叟集四卷》《集外诗一卷》《别本袁海叟诗集》《在野集》等。

张氏"一门三进士"

张弼,成化二年(1466年)进士、长子张宏宜,成化十七年(1481年)进士、次子张宏至,弘治九年(1496年)进士。张氏"一门三进士"成为奉贤历史上之佳话。

朝廷为表彰张氏为明朝做出的功绩,曾于明正德年间(1510年前后),在青村港镇北,立三横四柱石坊,上刻"青云接武"和"绣衣司谏"。又于1522年前后,在陶宅镇立三横四柱牌坊,因张家连续三代在兵部任职,而兵部世称"司马",故上刻"三世司马"四个大字。相传,嘉靖皇帝念张氏父子为大明四朝(成化、弘治、正德、嘉靖)命官,治绩昭然,劳苦功高;又因青村当时地近东海之隅,且张弼晚年大号张东海,故而把张氏父子称为东海之秀,于1530年左右下旨建三横四柱"海秀"石坊一座,以表彰张

"张弼像"

门功绩。还把三人列入名宦乡贤,于各处圣人殿(孔庙)上镌刻其人像,今松江醉白池公园内"邦彦画像"上尚有留存。

钟薇、钟宇淳父子

钟薇(1528—1611),字汝思,明代华亭陶宅人。封文林郎。著有《面溪集》《云间纪时野史》《野史》《倭奴遗事》诸书,今皆散佚。

钟宇淳(1545—1586),字履道、号顺斋。年少时,聪明颖慧,尤其擅长属对。万历丁丑(1577年)进士,授遂昌知县。任兵部给事中时功绩卓著,明朝万历年间(1580年前后),朝廷特下旨在陶宅建三横四柱石坊一座,因给事中为言官一类,故在坊表上书"谏言"两字,并封其父钟薇为"谏言"大夫。钟宇淳也因此升福建南道布政使司右参议。赴任途中,他顺道回家看望父亲。谁知在家竟一病不起,直至去世,年仅四十二岁。

荣辱不惊黄之隽

黄之隽像

黄之隽(1668—1748),字若木(一说石牧),号痦堂,华亭县陶宅(今青村镇陶宅村)人,原籍安徽休宁。53岁中举,后中进士。雍正元年(1723年)起,历任翰林院编修、福建督学、右中允、左中允等,后被革职。在任期间,曾参加重修《明史》,革职后曾应聘纂修江浙两省通志,任《江南通志》总裁。为清代著名诗人和藏书家,著作有《痦堂集》《香屑集》等。他喜爱戏曲,著有杂剧《四才子》和传奇《忠孝福》,合称《庵堂乐府》。

围绕用奉贤乡土纸艺结合动画艺术表现奉贤故事这一任务展开项目化学习活动,落实奉贤特色纸艺动画课程。以项目化活动的推进,激发出学生学习的积极性、艺术创作的主动性和艺术表现的创造性。弘扬奉贤精神、民族精神,培养学生的民族自豪感,学生的审美素养得到显著提高。

项目化案例七：当代奉贤纸艺多种技法表现的调研

传统纸艺技法	当代表现
刻纸	由精细雕刻走向粗犷的意念（装置艺术的形式） 由手工精细雕刻走向机械化的精细雕刻，为生活服务（纸雕刻拎袋）
剪纸	由传统剪纸或者刻纸的人工操作转为机器激光雕刻 由平面向立体转变，由装饰向实用转变
折纸	由实用向装饰转变

一、项目简介

奉贤乡土纸艺历史悠久，兼具实用性和美观性的功能，表达了人们对美好生活的祈愿。奉贤乡土纸艺发展至今，时代的变革、技术的更新、信息化的发展，使奉贤乡土纸艺也进入变革的时代。作为一个新时代的奉贤学子，请你以当代的眼光和技能为奉贤纸艺赋能，将奉贤乡土纸艺带入我们当代的生活。调研、思考目前奉贤乡土纸艺可以融入生活的哪些方方面面？

二、项目介绍

奉贤乡土纸艺厚积了奉贤的文化基础和表现技法，发展至今，社会已经日新月异，奉贤传统的乡土纸艺如何适应日新月异的当代社会？如何与当代的生活接轨？这值得每一位学生深思。本项目结合七年级美术教材"美术家如何创作""充满形式美的立体构成""展示我们的构成"，八年级艺术教材"艺术展现的社会风貌""艺术反映的社会生活"，九年级"地域特色与民族风格""岁月造就的时代风格""多元交融的艺术创作"，六人一组，对当代社会的纸艺与奉贤乡土纸艺的表现形式进行调研，汇总两者可以融合的项目进行分析，了解奉贤乡土纸艺在当代社会可以创作的艺术形式，参照当代信息化处理纸艺的方法，创作符合当代审美的纸艺作品，收集相关纸艺表现形式的资料，并汇总调研过程及结果收入学习档案袋。

在此基础上思考：作为当代学生，分析奉贤乡土纸艺与当代纸艺之间的关系。引导学生在调研后尝试讨论交流纸艺为现代生活提供怎样的实用性，为创作"讲述奉贤故事"纸艺作品做准备。学生将在项目实施中尝试解读奉贤乡土纸艺在当代社会的实用价值。

三、项目设计

（一）挑战性问题

本质问题:奉贤乡土纸艺与当代纸艺之间有怎样的关系?

驱动性问题:奉贤乡土纸艺在当代社会可以有哪些艺术形式? 奉贤传统的乡土纸艺如何适应日新月异的当代社会?

（二）项目目标

1. 对当代社会的纸艺与奉贤乡土纸艺的表现形式进行调研,汇总两者可以融合的项目并进行分析,了解奉贤乡土纸艺在当代社会可以表现的艺术形式。

2. 参观当代信息化处理纸艺的形式,创作符合当代审美的纸艺作品。

3. 收集相关纸艺表现形式的资料,汇总调研过程及结果并收入学习档案袋。

（三）子任务/子问题分解

项目任务:当代社会的纸艺与奉贤乡土纸艺的表现形式之间的关系。

子任务:分析奉贤乡土纸艺在当代社会可以融合的项目、可以表现的艺术形式。

调研:当代社会生活中可以结合纸艺的项目有哪些? 从奉贤乡土纸艺出发设计一个有创意的实用项目。

案例:调研奉贤当代社会生活中可以结合纸艺的项目

纸艺技法	项目	现代技法
刻纸	老街纸艺	装置艺术
	纸拎袋	电脑雕刻
剪纸	当代数字剪纸	电脑排版、激光雕刻
	立体纸艺	立体构成艺术
折纸	校园装饰	装置、装饰艺术
	纸艺汉服	纸艺设计

项目任务:研讨奉贤乡土纸艺多种技法的现代表现。

子任务1:通过各种渠道查找奉城刻纸艺术项目可以利用什么现代设备和技法进行改进?

调研:如何利用当代设备和技术改进目前生活中的奉贤纸艺技法? 可以从生活中的实用性方面进行详细说明。

案例:改进奉贤乡土纸艺的多种技法

传统技法	改进技法	项目范例
刻纸	装置艺术	老街房屋景象
	纸艺拉花	咖啡纸拎袋
剪纸	激光雕刻	大花窗
	立体纸艺	小夜灯
折纸	装饰艺术	校园音乐墙布置
	生活设计	汉服设计

子任务2:为我们学校的"演奏角"设计一个纸艺背景墙装饰。

1. 用学生的纸艺专长为学校的"演奏角"设计一个背景装饰。

2. 小组讨论,以学校和"演奏角"特色为主题,完成合适的设计方案并介绍。

学生案例一:"小星星闪耀大家庭"——我们的主题墙

设计阐述:

每一颗小星星可以代表在校的每一位学生,所有的小星星可以用一个个音符的变形折纸来展示,众多的小星星拼成乐曲《小星星》,朗朗上口,可以展示出我们大家庭的快乐和活泼。

研讨交流:方案小组描述、绘制方案并展示效果图,说明设计寓意。其他小组交流并提出建议,开展评价。

改进:根据课堂交流结果保存过程资料,存入"奉贤纸艺学习档案袋"。

学生案例二:智慧之树

设计阐述:

首先,学校是学习知识的地方、是获得智慧的地方,所以应该有一棵"智慧之树"。其次,"智慧之树"上的树叶可以用剪纸或者折纸来设计制作。树叶就是我们每一位学生,在学校这棵大树上发芽成长;也可以表示我们每位同学就是一棵小树苗,在知识的浇灌下茁壮成长为参天大树。

学生方案三:少年中国说——我们是最棒的

设计阐述:

首先,我们使用《少年中国说》的乐谱,使用剪纸、刻纸和折纸的技法制作。其次,参照徐冰《引力剧场》的策展方式,我们用渔网进行展示。乐谱的下方,使用炊烟袅袅的效果,表现了钢琴弹奏出的乐章,表达了我们心中自强、自立的想法。另外,由于《少年中国说》是我们语文课上学过的课文,也是音乐课中学唱过的歌曲,而纸艺是我们的艺术特色,体现了我们对知识融会贯通的运用。

年级组研讨方案:

对比讨论三个方案,决定采纳方案三。

改进:将方案三与方案二的"智慧之树"相结合,庄严而活泼。

四、预设成果/预设评价

研讨音符的纸艺表现方式,高音谱号、低音谱号等相关音乐符号的纸艺表现技法。

研讨现场布置的方式。

参考浦东美术馆《徐冰的语言》个展,为学校的"演奏角"策展。

（一）评价的知识与能力

1. 鉴赏分析徐冰《引力剧场》的策展方式、要素和方法。

2. 用奉贤乡土纸艺的技法描述"演奏角"策展的主要组成元素。

3. 掌握效果图手绘技能,策划《少年中国说——我们是最棒的》"演奏角"纸艺布置。

4. 现场布置《少年中国说——我们是最棒的》"演奏角"纸艺展。

（二）团队成果

1. 调研策划墙面布置的方法,讨论设计方案。

2. 思考装饰的墙面与学校、学生和文化之间的关系,形成"演奏角"纸艺展的策展方案与文化理念。

3. 举办"演奏角"纸艺展。

（三）评价的知识与能力

1. 调研布置墙面的基本要素。

2. 了解设计的文化理念并且能融合已有知识。

3. 纸艺技法和表现所展示的发展理念。

五、项目实施

入项:

1. 查找墙面装饰的相关资料,感受设计师在设计前所要考虑的相关信息。

2. 引导学生思考布置墙面和已有知识之间的关系,深入思考设计背后的文化理念。

3. 提出驱动性问题:"如何将我们学习到的知识融合进墙面布置这一项目。"组织学生讨论。

第九章
奉贤特色纸艺动画融合课程的项目化实施

4. 提问:"墙面装饰时应与哪个主题产生文化上的契合?"学生结合生活回答。

5. 教师带领学生赏析徐冰《引力剧场》作品视频和照片,促进学生了解"演奏角"纸艺展布置的方式。

6. 明确任务:研究《引力剧场》的形式和特征,设计制作"演奏角"奉贤纸艺展。

7. 头脑风暴,汇总针对任务想要了解的问题或需要掌握的知识。

8. 教师汇总整理。

子任务1:调查了解策划展览相关资料

1. 整理学生提出的相关问题。

(1)展览的分类及各自的特征?

(2)策划展览需要哪些必备条件?

(3)策划奉贤乡土纸艺展的风格、寓意与传统文化有怎样的关系?

(4)奉贤乡土纸艺展的策划方案是怎么样的?

2. 欣赏奉城刻纸、青村剪纸、南桥折纸的学生优秀作品。

(1)从内容上看有多少表现类型、纸艺门类?策展的构思是什么样的?

(2)奉贤乡土纸艺与作品所展示的奉贤文化之间有什么关系?

(3)策展时需要展示奉贤纸艺所汲取的传统文化与人民生活的哪些方面?

3. 通过分析奉贤纸艺学生作品的表现形式、内容、技法,欣赏国际纸艺展策划的方案与数字展厅,了解策划纸艺展的方法及过程。

探索:

(1)选择一个自己喜欢的奉贤纸艺门类进行相关策展的调研,分析展览的风格要素、与文化的关系、表现内容等。

(2)学生形成调研报告,并交流分享。

修订:

教师帮助学生归纳调研素材,总结策展相关要点。

探索:

(1)组织学生根据任务需求与设计原则前往奉贤博物馆数字展厅调研"国际纸艺展"策展方法。

(2)学生形成异同点调研报告,交流分享。

(3)学生以小组为单位,根据已有资料,为当前的"奉贤创新乡土纸艺展"设计策划展览。

评价与修订:

(1)公开交流方案,师生、生生给出建议。

(2)完善方案。

(3)各组选择同学作品——奉贤乡土纸艺,策划校园纸艺展。

公开成果:

(1) 展示纸艺展策划方案、平面展览示意图、展位布置图。

(2) 形成学习档案袋。

子任务 2:奉贤纸艺——"演奏角"布置

1. 整理学生提出的相关问题。

(1) "演奏角"应该有哪些特色?

(2) 学校的"演奏角"布置元素应该有哪些特征?

(3) 奉贤纸艺如何布置学校的"演奏角"?

(4) 奉贤纸艺表现学校的学风、学生的精神面貌与传承传统文化有什么关系?

2. 分析奉贤乡土纸艺和学校文化展示之间的关系。

(1) 从内容上看"演奏角"应该展示怎样的设计理念? 设计的构思是什么?

(2) 奉贤乡土纸艺与学校的"演奏角"之间通过怎样的方式架起桥梁?

(3) 奉贤乡土纸艺汲取了传统文化与人民生活中的哪些要素?

3. 通过分析奉贤乡土纸艺传达的文化和深厚的奉贤精神,分析与学校"演奏角"之间的关系,策划"演奏角"的纸艺布置方案。

探索:

(1) 选择一个学校文化角的纸艺布置方案进行相关调研,分析风格要素、与传统文化特色的关系、传达的文化精神等。

(2) 学生形成调研报告并交流分享。

修订:

教师帮助学生归纳调研素材,总结"演奏角"布置的相关要点。

探索:

(1) 组织学生根据任务需求与设计原则,利用网络查找学校"演奏角"调研布置的方案。

(2) 学生形成调研报告,交流分享。

(3) 学生以小组为单位,根据已有资料,为当前的学校前厅"演奏角"设计纸艺元素的布置方案。

评价与修订:

(1) 公开交流方案,师生、生生给出建议。

(2) 完善方案。

(3) 各组选择奉贤纸艺门类和材料,制作"演奏角"布置设计图、方案。

公开成果:

(1) 展示学校"演奏角"纸艺布置方案和设计图。

（2）形成学习档案袋。

出项：

教师反思:注重表现校园生活的真实情境项目设计,可以促使学生从单纯的知识、技法的学习中梳理学习过程、调研生活实际需求,通过超越学科界限的研究,进行深度的探究性学习,将一个策展活动转化为解决校园实际问题的布置活动,进行任务分解、分工合作,从而完成任务。在整个项目实施中,教师仍然是课堂的参与者不是教育者,学生还是主动参与者、策划者,而不是聆听者。

学生成长:学生在真实的校园情境中开启项目,在校园实际需求的情况下学生的实践、学习有了真实的意义;学生从学习知识技能的习得变成运用实际知识技能装扮校园;本项目中包括探究性实践、审美性实践、技术性实践、社会性实践、调控性实践,在经历这些实践后,学生在共同的学习任务驱动下真正通过不同途径了解了家乡文化与家乡纸艺,理解了奉贤纸艺的设计原则和制作方法,熟悉纸艺设计草图、制作纸艺的方法,掌握奉贤纸艺的纹样、寓意及其传承方式,能够运用鉴赏方法分析奉贤纸艺的特点及在生活中的运用,最后回归本质问题进行思辨性讨论。在知识技能方面有显著提升,思维深度上有所进步。

围绕用奉贤乡土纸艺结合动画艺术表现奉贤故事这一任务展开项目化学习活动,落实奉贤特色纸艺动画课程。以项目化活动的推进,激发出学生学习的积极性、艺术创作的主动性和艺术表现的创造性。弘扬奉贤精神、民族精神,培养学生的民族自豪感,学生的审美素养得到显著提高。

后　记

　　春暖花开，《纸艺动画融合课程的研究》终于成书了。这本书凝聚了太多专家、老师的心血和期望，更凝聚了领导们的关心与鼓励，只能用这薄薄的一本书表示感谢！

　　从事纸艺动画方面的课堂教学研究，至今已近十五年，这十五年中有埋头苦干、有抬头思考、有停滞踌躇，百味杂陈中却一直得到学校领导的肯定，"不要急！没事的！支持你！"持续地做一项研究，若没有这样的支持，我恐怕早已放弃！

　　研究过程中，高校的专家团队秉持严谨的治学态度，给出中肯的建议，在项目升级时出谋划策，还分享案例，帮助研究团队拓展思维，更在研究过程中把握学术方向。特别是成稿后，还提出了很多宝贵的意见。

　　在课程开发与课堂实践研究中，教研员的有效指引不可或缺，在实践的方法与路径上，以大观念为引领，部署实践的程序、检验的方法与步骤，帮助研究团队不偏离方向，给了我们莫大的帮助。

　　教研团队是一个共同体，集团内教师们在教研课题的带领下，发挥专业特色和敢于实践的刻苦的精神，成立"青溪集团纸艺工作室"，共同研究基于奉贤特色纸艺动画融合课程的开发、实施与检测评价。这样的研究是一种新的尝试，是对于奉贤乡土纸艺进入课堂设计系统化教学的一种新的传承方式。在这里，我们推广优秀地域非遗课程教学的成功经验；为教师们的课堂教学方式提供研讨的平台；将现行的国家基础型课程内容进行交换、重组、打散、混合，以纸艺技法为媒介，让艺术教学更有趣味。

　　在奉贤特色纸艺动画融合课程实践研究中，学生是课程实践与检验的主体。学生充满了求知欲且精力充沛，在完全开放的纸艺动画课堂中，学生在轻松的学习氛围中充分体验、自主探究、解决问题、表现自我。本课程采用"像美术家一样创作"的教学方法，让学生在任务导向驱动下，提高综合探索与学习迁移的能力；在动态、开放、生动、多元的学习环境中，教会学生获得更多知识的方法和渠道，是实践本课程最为重要的评估标准。艺术最能激发学生的内心表现，纸艺的可塑性和动画的无拘无束可以展示学生卓越丰富的创意，从而让他们收获成功。

　　在传统手工艺的传承历史中，再优秀的技艺如果没有融合时代的特色，都可能消失；在新课程改革中如果没有课程资源的广泛支持，再好的课程改革设想也很难变成中小学的实践教育成果。课程资源的丰富性和适切程度决定着课程目标的实现范围和实现水平。

希望通过本书能为融合性课程的推进提供课堂实践的有力依据，也践行目标导向的美术教学，引导学生体验单元化探究型学习，使得学生学会主动学习、主动获得知识并解决问题，更好地适应社会、学会生活。

卫　勤

2023 年 2 月 26 日

图书在版编目（CIP）数据

纸艺动画融合课程的研究 / 卫勤著. — 上海：上海
教育出版社，2023.4
（美育研究：艺术教育理论与实践）
ISBN 978-7-5720-1987-6

Ⅰ.①纸… Ⅱ.①卫… Ⅲ.①纸工－技法(美术)－教
学研究－初 Ⅳ.①G633.955.2

中国国家版本馆CIP数据核字(2023)第068905号

策划编辑　陈　群
责任编辑　陈　群
特邀编辑　王娅婷
　　　　　孟令怡
装帧设计　王　捷

美育研究：艺术教育理论与实践
纸艺动画融合课程的研究
卫　勤　著

出版发行　上海教育出版社有限公司
官　　网　www.seph.com.cn
地　　址　上海市闵行区号景路159弄C座
邮　　编　201101
印　　刷　上海普顺印刷包装有限公司
开　　本　787×1092　1/16　印张 12.25
字　　数　239 千字
版　　次　2023年4月第1版
印　　次　2023年4月第1次印刷
书　　号　ISBN 978-7-5720-1987-6/G·1784
定　　价　88.00 元

如发现质量问题，读者可向本社调换　电话：021-64373213